Nestroy | Einen Jux will er sich machen

Johann Nestroy

Einen Jux will er sich machen

Posse mit Gesang in vier Aufzügen

Musik von Adolf Müller

Nachwort und Anmerkungen von Wolfgang Neuber

Reclam

RECLAMS UNIVERSAL-BIBLIOTHEK Nr. 14287
2022 Philipp Reclam jun. Verlag GmbH,
Siemensstraße 32, 71254 Ditzingen
Gestaltung: Cornelia Feyll, Friedrich Forssman
Druck und Bindung: Druckerei C.H.Beck,
Bergerstraße 3–5, 86720 Nördlingen
Printed in Germany 2022
RECLAM, UNIVERSAL-BIBLIOTHEK und
RECLAMS UNIVERSAL-BIBLIOTHEK sind eingetragene Marken
der Philipp Reclam jun. GmbH & Co. KG, Stuttgart
ISBN 978-3-15-014287-5

Auch als E-Book erhältlich

www.reclam.de

Einen Jux will er sich machen

Personen

ZANGLER, Gewürzkrämer in einer kleinen Stadt
MARIE, dessen Nichte und Mündel
WEINBERL, Handlungsdiener
CHRISTOPHERL, Lehrjung   bei Zangler   5
KRAPS, Hausknecht
FRAU GERTRUD, Wirtschafterin
MELCHIOR, ein vazierender Hausknecht
AUGUST SONDERS
HUPFER, ein Schneidermeister   10
MADAME KNORR, Modewarenhändlerin in der Hauptstadt
FRAU VON FISCHER, Witwe
FRÄULEIN VON BLUMENBLATT, Zanglers Schwägerin
BRUNNINGER, Kaufmann
PHILIPPINE, Putzmacherin   15
LISETTE, Stubenmädchen bei Fräulein von Blumenblatt
EIN HAUSMEISTER
EIN LOHNKUTSCHER
EIN WÄCHTER
RAB, ein Gauner   20
ERSTER   KELLNER
ZWEITER

Die Handlung spielt im ersten Aufzug in Zanglers Wohnung in einer kleinen Stadt, dann in der nahegelegenen Hauptstadt, gegen Schluss wieder bei Zangler.   25

Erstaufführung zum Vorteile von Nestroy am 10. 3. 1842 [im Theater an der Wien]. Musik von Kapellmeister Adolf Müller.

Erster Aufzug

Zimmer in Herrn Zanglers Hause; die allgemeine Ein-
gangstüre im Prospekt, jedoch gegen die rechte Seite; links
am Prospekt ein ziemlich breiter Ofenschirm, rechts und
links eine Seitentüre, zu beiden Seiten Tisch und Stuhl.

Erster Auftritt

Zangler. August Sonders.

ZANGLER. Ich habe Ihnen jetzt ein für allemal g'sagt –
SONDERS. Und ich Ihnen ein für allemal erklärt –
ZANGLER. Dass Sie meine Nichte und Mündel nicht
kriegen!
SONDERS. Dass Marie die Meine werden muss!
ZANGLER. Das werd ich zu verhindern wissen!
SONDERS. Schwerlich so sicher, als ich es durchzusetzen
weiß!
ZANGLER. Kecker Jüngling!
SONDERS. Hartherziger Mann! Was haben Sie gegen mich?
Meine Tante in Brüssel ist reich.
ZANGLER. Gratulier'!
SONDERS. Ich werde sie beerben.
ZANGLER. Aber wann?
SONDERS. Sonderbare Frage! Nach ihrem Tode.
ZANGLER. Und bis wann wird sie sterb'n? Aha, da stockt
die Antwort. So eine Tant in Brüssel kann leben, solang
sie will.
SONDERS. Das wünsch ich ihr vom Herzen, denn ich weiß,

dass sie auch bei Lebzeiten reichlich zu meinem Glücke beitragen wird.

ZANGLER. Reichlich beitragen – wie viel is das in Brüssel? Reichlich beitragen is hier das unbestimmteste Zahlwort, was es gibt, und in unbestimmten Zahlen schließ ich kein Geschäft. Und kurz und gut, ins Ausland lass ich meine Mündel schon durchaus nicht heiraten.

SONDERS. So heirate ich sie und bleibe hier.

ZANGLER. Und derweil schnappt dort ein anderer die Erbschaft weg, das wär erst gar das Wahre! Mit ei'm Wort, g'horsamer Diener! Plagen Sie sich auch nicht zu sehr mit unnötigem Herumspekulieren um mein Haus! Meine Nichte is heut früh an den Ort ihrer Bestimmung abgereist.

SONDERS. Wie, Marie fort –?

ZANGLER. Ja, nach Dingsda – logiert in der ungenannten Gassen, Numero soundso viel, im beliebigen Stock, rechts bei der zug'sperrten Türe, da können S' anläuten, sooft S' wollen, hineinlassen wer'n s' Ihnen aber nicht.

Zweiter Auftritt

Gertrud. Die Vorigen.

GERTRUD *(tritt zur Mitte ein).* Das geht gut, der neue Hausknecht is noch nicht da, und der alte sagt, er will nichts mehr tun.

ZANGLER. Was ist's denn?

GERTRUD. Die Koffer müssen ja vom Boden herunterge-

tragen werden, wenn die Mamsell Marie schon übermorgen in die Stadt zu Fräulein Blumenblatt soll.

ZANGLER *(verlegen und ärgerlich)*. Es ist – Sie hat – geh Sie
zum Teufel –

SONDERS. Also übermorgen erst? In die Stadt zu Fräulein
Blumenblatt? Gehorsamer Diener! *(Geht zur Mitteltüre.)*

ZANGLER. He, mein Herr – das wird Ihnen nix nutzen,
dass – der Aufenthalt meiner – mit einem Wort –

SONDERS *(schon in der Türe)*. Gehorsamer Diener! *(Ab.)*

Dritter Auftritt

Zangler. Gertrud.

ZANGLER *(sehr aufgebracht)*. Da hab'n wir's – jetzt weiß er,
dass sie noch da is und wo sie hinkommt – ich wollt, die
Frau Gertrud wär –

GERTRUD. Was hab ich denn getan?

ZANGLER. Gar nix hat Sie getan, g'red't hat Sie. Das is, was
die Weiber immer tun und nie tun sollten. Zur Unzeit
hat Sie g'red't. Man sollt gar nicht glauben, dass so eine
überreife Person so unzeitig reden könnt.

GERTRUD. I hab aber nit g'wusst –

ZANGLER. Dass das der Liebhaber von meiner Mündel is?
Aber jetzt weiß Sie's, weiß, dass ich morgen in aller Fruh
in die Stadt fahr, weiß, dass Sie jetzt mit hundertfacher
Vorsicht über die Marie wachen muss, weiß, dass ich Sie
zermalme, wenn während meiner Abwesenheit die zwei
Leut nur mit einem Aug sich sehn. Wo is die Marie?

GERTRUD. Im Garten bei den Bienen.

ZANGLER. Da halt't sie sich immer auf, ich glaub, bloß deswegen, weil die Bienen schwärmen! Soll sich ein Beispiel nehmen, das sind nur Tiere und schwärmen auf eine so nützliche Weise – und Frauenzimmer, die sich einbilden, halbete Engel zu sein, haben eine so hirnlose Schwärmerei in sich. Sie soll heraufgehen, es fangt an, dunkel zu werden. Und der Herr Weinberl und der Christoph sollen auch heraufkommen, wenn sie 's G'wölb zug'sperrt hab'n. Und meine Schützenuniform bring Sie mir herein, der Kasten wird offen sein.

GERTRUD. Gleich, Herr von Zangler, gleich! *(Zur Mitte ab.)*

Vierter Auftritt

Zangler. Dann Kraps.

ZANGLER *(allein).* 's is zum Totärgern. Heut großes Quartal-Souper der Schützengesellschaft, und der Schneider lasst mich sitzen. Ich als diesjähriger Schützenkönig muss in der alten Uniform erscheinen. O Schneider, Schneider! Wann werd't's ihr in eurer Sphäre bleiben und euch bloß aufs Kleidermachen und nicht aufs Maulmachen verlegen! Dreimal hab ich schon g'schickt und –

KRAPS *(zur Mitte eintretend, bringt einen dreieckigen Hut und Hirschfänger mit Gehänge).* Es war wieder umsonst. Da is der neue Hut und der neue Hirschfänger, aber der Schützenfrack wird nit fertig, hat noch keine Knöpf und kein Futter. Wann S' 'n so anlegen woll'n –

ZANGLER. Ich glaub, der Schneider is ein Narr, ich werd doch kein' Frack ohne Futter anlegen –

KRAPS (*für sich, indem er Hut und Hirschfänger auf den Tisch links legt*). Ich glaub, wann er den Rock zu der Fresserei anlegt, wird Futter g'nug hineinkommen. (*Laut.*) Jetzt bitt ich um mein' Lohn und um a Trinkgeld.

5 ZANGLER. Was, Trinkgeld?

KRAPS. Ich hab heut vor vierzehn Tagen aufg'sagt, aber um acht Uhr in der Früh, Sie haben mich also jetzt schon eilf Stunden über die Zeit missbraucht.

ZANGLER (*gibt ihm Geld*). Da hat Er! Übrigens irr Er sich 10 nicht, ich hab Ihm aufg'sagt, nicht Er mir.

KRAPS. Kann sein! Ich hab aber z'erst durch Nachlässigkeit und Unwillen zu erkennen gegeben, dass mir der Dienst nit mehr g'fällt. Dass Sie dann g'sagt hab'n, ich kann mich in vierzehn Tagen zum Teufel schern, das war nur 15 eine natürliche Folge davon.

ZANGLER. Pack Er sich, ich bin froh, dass ich Ihn loshab, ich hab Ihn nur kurze Zeit g'habt, aber – ich will nicht sagen, was ich mir denk, aber –

KRAPS. No, sein S' so gut!

20 ZANGLER. Er ist ein ganz unverlässlicher Mensch, und –

KRAPS. Oh, sehr verlässlich, ich verlass alle drei Wochen ein' Dienst, das kann ich durch viele Zeugnisse beweisen. Empfehl mich gehorsamst – ich bleib nicht gern lang an ein' Ort. (*Mitte ab.*)

25 ZANGLER (*allein*). Der wird schon noch an ein' Ort kommen, wo er lang bleiben muss, das prophezei ich ihm.

Fünfter Auftritt

Zangler. Gertrud.

GERTRUD *(zur Mitte eintretend)*. Das is das Schützenkö-
nigg'wand. *(Legt einen grünen bordierten Rock, einen
Hut und Hirschfänger auf den Tisch rechts.)* 5
ZANGLER *(unwillig)*. Auf meine Mündel soll Sie Obacht ge-
ben, hab ich g'sagt.
GERTRUD. No ja, Sie hab'n aber auch befohlen –
ZANGLER. Dass Sie der Marie nicht ein' Schritt von der Sei-
ten geht! Hirschfänger und Hut war unnötig, ich hab ei- 10
nen neuchen.
GERTRUD. Na, so will ich den wieder – *(Will zum Tisch, um
Hirschfänger und Hut wieder fortzutragen.)*
ZANGLER *(heftig)*. Zu der Marie soll Sie schaun, hab ich
g'sagt. 15
GERTRUD *(erschrocken zurückweichend)*. Nein, man weiß
wirklich nit, wo einem der Kopf steht. *(Im Abgehen.)*
Jetzt hätt ich bald vergessen – *(zu Zangler)* der neue
Hausknecht is da.
ZANGLER. Soll hereinkommen – 20
(Gertrud zur Mitte ab.)
ZANGLER *(allein)*. Nichts als Odiosa, Geschäfte, Unwesen
im Hauswesen, umgeben von albernen Wesen, langwei-
ligen Wesen, schlechten Wesen, ich bin wirklich ein ge-
plagtes Wesen. *(Es wird an der Türe geklopft.)* Herein! 25

Sechster Auftritt

Zangler. Melchior.

MELCHIOR (*schüchtern eintretend, zur Mitte*). Ich bitt, sein Euer Gnaden der G'würzkramer?

5 ZANGLER. Eins zu wenig, 's andre zu viel, ich bin nicht Euer Gnaden, sondern nur Herr Zangler, ich bin aber kein Kramer, sondern vermischter Warenhändler.

MELCHIOR. Ich hab g'hört, dass der Herr vermischte Warenhändler einen Hausknecht g'habt hab'n, der ein reiner Lump war.

10 ZANGLER. Ich hab ihn fortgejagt.

MELCHIOR. Und da, hab ich g'hört, sind Sie in Desperation, dass Sie kein' Hausknecht haben.

ZANGLER. In Desperation? Das is gar eine dumme Red, ich glaub, an solchen Schlingeln is keine Not.

15 MELCHIOR. Das is wahr, eher wird's an Prinzipal' eine Not sein. Ein Hausknecht halt't lang, aber Prinzipal geht alle Augenblick einer z'grund.

ZANGLER. Er is etwas vorlaut, scheint mir –

20 MELCHIOR. Nein, das war nur so eine merkantilische Bemerkung.

ZANGLER. Wo hat Er sein Dienstzeugnis?

MELCHIOR. Im Sack.

ZANGLER. So geb Er's her.

25 MELCHIOR (*gibt ihm das Zeugnis, ein ganz zusammengeknittertes Papier*). Es ist etwas verkribelt, ich trag's schon vier Wochen herum.

ZANGLER. Hat Er Kenntnisse in der vermischten Warenhandlung? (*Durchsieht das Zeugnis.*)

MELCHIOR. Oh, sehr viel! Wir hab'n zwar da, wo ich war, nur einen Artikel g'habt, aber der war ungeheuer vermischt, ich bin aus einer Weinhandlung.

ZANGLER. Hm! Sein Zeugnis lautet ja ganz vorzüglich gut.

MELCHIOR. Ja, meine Aufführung war klassisch.

ZANGLER *(in dem Zeugnis lesend)*. Treu, redlich, fleißig, willig, wachsam aufs Haus, obachtsam auf die Kinder –

MELCHIOR. Ja, das waren klassische Bub'n, jeder in einer andern Klass und doch jeder die dritte Klass, das wird man nicht bald finden.

ZANGLER. Er ist aufgenommen.

MELCHIOR. Ich küss die Hand.

ZANGLER. Sechs Gulden Monatlohn, Kost, Quartier, Wäsch.

MELCHIOR. No jetzt, Wäsch und Quartier, das is das Geringste, aber die Kost, die war halt dort, wo ich war, klassisch.

ZANGLER. Bei mir leid't auch niemand Hunger. – Suppen, Rindfleisch, Zuspeis und was drauf.

MELCHIOR. Aber nur viel drauf. Und weg'n Fruhstuck – dort hab ich halt immer Kaffee g'habt.

ZANGLER. Das war bei mir nicht der Brauch, dass der Hausknecht Kaffee –

MELCHIOR. Schaun S', Sie hab'n g'wiss auch einen Rosoli unter Ihren vermischten Sachen.

ZANGLER. O ja, aber –

MELCHIOR. Na, sehn Sie, dann is es ja unser beiderseitiger Vorteil, wann S' mir ein' Kaffee geb'n, denn Sie verleiteten mich ja sonst mit G'walt zu die geistigen Getränk.

ZANGLER. Na, da gäbet's schon noch Mittel – übrigens, wenn Er brav is –

MELCHIOR. Klassisch!

ZANGLER. So soll Er ein' Kaffee hab'n.

MELCHIOR. Versteht sich, süß, und ein Kipfel. Oh, an dem Ort, wo ich war, das war ein klassischer Kaffee.

ZANGLER. Was hat Er denn immer mit dem dummen Wort klassisch?

MELCHIOR. Ah, das Wort is nit dumm, es wird nur oft dumm angewend't.

ZANGLER. Ja, das hör ich, das muss Er ablegen, ich begreif nicht, wie man in zwei Minuten fünfzigmal dasselbe Wort repetieren kann.

MELCHIOR. Ja, das ist klassisch. Und dann bitt ich mir zu sagen, was ich alles zu tun hab.

ZANGLER. Was wird Er zu tun haben? Was halt einem Hausknecht zukommt.

MELCHIOR. Kisten und Fässer aus 'n Magazin holen –

ZANGLER. Botengänge machen, das G'wölb reinhalten, und im Haus –

MELCHIOR. Wenn's in der Kuchel was gibt, kleins Holz machen, allenfalls Boden reib'n.

ZANGLER. Und meine Person bedienen.

MELCHIOR. Na ja, halt alles, was zur groben Arbeit gehört. Na, ich hoff, wir wer'n kein' Streit hab'n.

ZANGLER. Das hoff ich auch.

MELCHIOR. Ich war immer sehr gut mit meinen Herrn, also wer' ich bei Ihnen keine Ausnahm – und nicht wahr, wenn ich was aus Privatfleiß tu, zum Beispiel der Köchin Wasser trag'n, dem Herrn Kommis die Stiefel putzen, da krieg ich extra ein Honorar –

ZANGLER. Das mach Er mit dem Kommis aus und mit der Köchin. Jetzt hilf Er mir anziehen, den Schneider soll der Teufel holen.

Siebenter Auftritt

Hupfer. Die Vorigen.

HUPFER *(mit einem Pack unter dem Arm)*. Da bin ich, das Meisterwerk is vollendet!

ZANGLER *(sehr freundlich)*. Also doch fertig? Sie hab'n mich warten lassen, lieber Herr Hupfer.

MELCHIOR *(zu Zangler)*. Ist das der, den der Teufel hol'n soll?

HUPFER. Wie? Was?

ZANGLER *(zu Melchior)*. Halt Er 's Maul! *(Zu Hupfer.)* Das is nur so eine Redensart ungeduldiger Erwartung.

MELCHIOR. Freilich nur Redensart, und das weiß auch der Teufel recht gut. Wenn er gleich jeden Schneider holet, wie man's sagt, so möcht der Teufel Schneider sein.

HUPFER *(indem er die Schützenuniform auspackt und das Umschlagpapier von den Knöpfen und Borten reißt)*. Mit Hilfe zweier plötzlicher unverhoffter Schneiderg'sellen habe ich das Unmögliche möglich gemacht.

MELCHIOR. Sind s' heut erst an'kommen?

HUPFER. Ja.

MELCHIOR. Nicht wahr, einer is krump, der andere hat ein schwarzes und ein blaues Aug, das schwarze Natur, das blaue g'schlag'n?

HUPFER. Kann schon sein.

MELCHIOR. Die kenn ich, sie hab'n g'fochten unterwegs.

HUPFER. Das is so der Brauch.

MELCHIOR. Ich hab ihnen einen Silberzehner geb'n und g'sagt, dass s' mir sechs Groschen herausgeb'n soll'n, das hab'n s' aber in der Hitze des Gefechts überhört und sind weitergegangen. Wollen Sie ihnen nicht sagen –

HUPFER *(ohne auf Melchior zu hören, zu Zangler)*. Jetzt bitt ich nur gefälligst anzuprobieren.

ZANGLER *(hat seinen Überrock abgelegt und schlüpft mit Hupfers Hilfe in den Schützenfrack, indem er zu Melchior sagt)*. Merk Er auf, damit Er lernt, wie man eine Uniform – *(zu Hupfer)* etwas eng, scheint mir –

MELCHIOR. Das is fesch –

HUPFER. Freilich!

ZANGLER. Unterm Arm schneid't das Ding ein, das tut weh.

MELCHIOR. Macht sich aber fesch!

ZANGLER. Und hinten gehn die Schößeln zu weit auseinand.

MELCHIOR. Das is gar fesch!

ZANGLER. Wie gesagt, zu eng! Bei der Tafel wer'n mir alle Knöpf aufspringen.

HUPFER. Ich begreif nicht –

ZANGLER. Sie haben mir doch die Maß genommen.

MELCHIOR. Mein Gott, das Maßnehmen is eine alte Gewohnheit, die die Schneider doch nicht hindert, jedes neue G'wand zu verpfuschen.

ZANGLER *(zu Melchior)*. Nun, wie schau ich aus?

MELCHIOR. Ich derf's nit sag'n.

ZANGLER. Wenn ich Ihm's befehl! Wie schau ich aus?

MELCHIOR. Klassisch!

HUPFER. Am Himmel hab'n s' ein Sternbild, das heißt der Schütz, das is aber bei weitem nicht so geschmackvoll wie dieser Schütz.

MELCHIOR. Das is klassisch!

ZANGLER. Für heut tut's es, aber morgen müssen Sie mir den Rock weiter machen.

HUPFER. Warum nicht gar, eine Uniform muss eng sein.

ZANGLER. Aber ich erstick ja.

HUPFER. Macht nichts; Sie haben einmal von der Natur eine Art Taille erhalten, und es ist die Pflicht der Kunst, dieses Geschenk der Natur in das günstigste Licht zu stellen. Rekommandier mich bestens. *(Zur Mitte ab.)*

Achter Auftritt

Die Vorigen ohne Hupfer.

MELCHIOR. Er hat halt allweil recht und gibt nicht nach. Man glaubet's nicht, wie so ein Schneider bockbeinig ist.

ZANGLER. Jetzt, mein Lieber – wie heißt Er?

MELCHIOR. Melchior.

ZANGLER. Mein lieber Melchior, fahr Er gleich wieder z'ruck in die Stadt!

MELCHIOR. Was? Ich hab glaubt, Sie haben mich aufg'nommen?

ZANGLER. Freilich, aber ich fahr morgen in aller Fruh auch in die Stadt. Da steigt Er gleich bei der Linie im Gasthaus bei der Sonn ab, sagt nur meinen Namen, dass das gewöhnliche Zimmer für mich herg'richt't wird, und erwart't mich. Da hat Er Geld – *(gibt ihm)* mach Er aber g'schwind, in einer Viertelstund geht der Stellwagen.

MELCHIOR. Gut! Aber könnt ich nicht vorher noch meinen übrigen Vorgesetzten, dem Kommis und dem Lehrbub'n, die Aufwartung machen?

ZANGLER. Nix, Er versäumt sonst den Wagen.

MELCHIOR. No, so geh ich halt. Sie sind bei einer Tafel eing'laden, Herr von Zangler, geb'n S' acht auf'n neuen Rock, dass S' Ihnen nicht antrenzen!

5 ZANGLER. Was red't Er denn für dumm's Zeug –!?

MELCHIOR. Schön 's Serviett vornehmen und auseinandbreiten, die Bratlfetten geht hart heraus.

ZANGLER. Glaubt Er denn, ich bin ein Kind? Er is wirklich zu dumm!

10 MELCHIOR. Aber meine Aufführung is halt klass –

ZANGLER. Mach Er jetzt weiter!

MELCHIOR. Das hat mein voriger Herr auch immer g'sagt: dumm, aber klassisch. *(Zur Mitte ab.)*

ZANGLER *(allein, den neuen Hirschfänger umschnallend).*
15 Schon wieder?! – Nein, was ich die Sprichwörter nicht ausstehen kann! – Mich hat einmal ein Sprichwort abscheulich ang'setzt, nämlich das »Jung gefreit, hat niemand bereut«, das wird schier, wenn man alle Sprichwörter nach der Dummheit klassifiziert, 's erste Prämi-
20 um kriegen. Und dem Sprichwort zum Trotz geh ich jetzt als Alter wieder auf Freiersfüßen, und ich werd's g'wiss nicht bereuen. Wart nur, Sprichwort, dich bring ich noch ganz um den Kredit. *(Geht durch die Seitentüre links ab.)*

Neunter Auftritt

Gertrud.

GERTRUD *(allein, kommt mit Lichtern zur Mitteltüre herein).* Kaum viertel auf achte und schon völlig Nacht! *(Stellt ein Licht auf den Tisch links.)* 's fangt auf einmal zum Herbst'ln an. *(Geht mit dem andern Licht in die Seitentüre links ab.)*

ZANGLER *(nach einer kleinen Pause von innen).* Auf meine Mündel soll Sie schaun, hab ich Ihr g'schafft.

GERTRUD *(von innen).* Das tu ich ja so! *(Erscheint wieder unter der Türe, hineinsprechend.)* Wie kann ich denn schaun auf sie, wann ich kein Licht anzünd! *(Kommt heraus.)* So ein großes Mädl könnt, glaub ich, schon selbst auf sich schaun. Sie geht mir nicht herauf aus'n Garten, und da soll ich ihre Schmiseln begeln! Ja, überall z'gleich kann ich nicht sein! *(Geht in die Seitentüre rechts ab.)*

Zehnter Auftritt

Weinberl allein, tritt während dem Ritornell des folgenden Liedes zur Mitte ein. Er ist dunkelgrau gekleidet, mit einer grünen Schürze.

Lied

1

Es sind gewiss in unsrer Zeit
Die meisten Menschen Handelsleut,

Und wer das Ding so observiert,
Muss sag'n: der Handelsstand floriert. –
's versetzt ein Vater sein' Kaput
Und führt drei Töchter auf d' Redout',
5   Damit er s' vorteilhaft bringt an,
Na, das ist doch ein Handelsmann!
»Sie krieg'n mein' Tochter, wenn S' vor all'n
Dem Vatern seine Schulden zahln.« –
»Das kann ich nicht.« – »Dann sag ich: nein.«
10   Das wird doch ferm gehandelt sein!
»Ich hab dich g'wiss« – sagt eine Braut,
Indem sie so au'm Bräut'gam schaut –
»In zwanzig Jahrn wie heut so gern!« –
Da wird wohl auch was g'handelt wer'n.

15   2
's Weib sagt zum Mann: »Du gehst jetzt aus
Und kommst vor neune nicht nach Haus!« –
»Ja«, sagt er »wennst mir an Zwanz'ger gibst.«
So a Handel ist ja allerliebst. –
20   A alte Schachtel hat viel Geld,
's heirat't s' ein junger Guckind'welt,
Verkauft sein' Freiheit und sein' Ruh –
Der Handel kummt gar häufig vur. –
's sagt eine: »I bin zwanz'g Jahr.« – »Oha,
25   Ich hab ja Ihren Taufschein da.« –
»So?« sagt s' – und g'steht ein' Vierz'ger ein –
Das wird doch tüchtig g'handelt sein!
Es prahlet eine Schwärm'rin sich:
»Wenn ich nicht liebe, könnten mich

Zehn Millionen nicht betörn«,
Da wurd wohl auch was g'handelt wer'n.

(Nach dem Liede.)
Vor dem Handelsstand kriegt man erst den wahren Respekt, wenn man zwischen Handelsstand und Menschheit überhaupt eine Bilanz zieht. Schaun wir auf'n Handelsstand, wie viel gibt's da Großhandlungen, und schaun wir auf die Menschheit, wie wenig große Handlungen kommen da vor! – Schaun wir auf'n Handelsstand, vorzüglich in der Stadt, diese Menge wunderschöne Handlungen, und schaun wir auf d' Menschheit, wie schütter sind da die wahrhaft schönen Handlungen ang'sät! – Schaun wir auf'n Handelsstand, diese vielen Galanteriehandlungen, und schaun wir auf d' Menschheit, wie handeln s' da oft ohne alle Galanterie, wie wird namentlich der zarte, gefühlvolle, auf alle Galanterie Anspruch machende Teil von dem gebildetseinsollenden, spornbegabten, zigarrozuzelnden, rossstreichelnden, jagdhundkaschulierenden Teil so ganz ohne Galanterie behandelt! – Jetzt, wenn man erst die Handlungen der Menschheit mit Gas beleuchten wollt – ich frag, wie viel menschliche Handlungen halten denn eine Beleuchtung als wie eine Handlung auf'n Stock-im-Eisen-Platz aus? – Kurzum, man mag Vergleiche anstellen, wie man will, der Handelsstand is was Erhabenes, wir haben einen hohen Standpunkt, wir von der Handlung, und ich glaub, bloß wegen dieser schwindelnden Höhe fallen so viel von der Handlung! – Der Christopherl tandelt wieder mit 'n G'wölbzusperrn.

Elfter Auftritt

Christopherl. Der Vorige.

CHRISTOPHERL *(zur Mitte hereinlaufend).* Mussi Weinberl, der G'wölbschlüssel war voll Wachs, grad als wie wann ein Bandit einen Abdruck hätt mach'n woll'n.

WEINBERL. Dummer Pursch, du hast halt den Schlüssel wieder wohin g'worfen, ohne zu schaun, ob's sauber is. Von Rechts wegen unterliegest jetzt einer Straf.

CHRISTOPHERL. Oh, ein Lehrjung unterliegt nicht so g'schwind, durch G'wohnheit vertragt man viel.

WEINBERL *(in etwas feierlichem Tone).* Die Verhältnisse haben indes eine andere G'stalt gewonnen. Der deutsche Handelsstand wird bald um einen Lehrjung' weniger hab'n.

CHRISTOPHERL. No, sein S' so gut, bringen S' mich um!

WEINBERL. Im Gegenteil, ich werde Sie bei einem freundschaftlichen Glas Wein leben lassen.

CHRISTOPHERL *(erstaunt).* Wie g'schieht Ihnen denn, Mussi Weinberl?

WEINBERL. Nennen Sie mich in Zukunft Herr Weinberl, denn ich habe Hoffnung, zum Buchhalter zu avancieren, und Sie selbst werden von heut an per Mussi tituliert.

CHRISTOPHERL. Warum sagen denn Sie »Sie« zu mir?

WEINBERL. Ahnen Sie nichts, glücklicher Kommerzzögling? Mit dem heutigen Schopfbeutler habe ich auf ewige Zeiten Abschied genommen von Ihrem Kakadu.

CHRISTOPHERL. Darum war Ihre Hand so heftig bewegt, als wenn sie sich gar nit trennen könnt.

WEINBERL. Sie sind unter meiner fünfthalbjährigen Leitung g'waltig ausgebildet worden, haben das Kommerz von seinen verschiedenen Seiten kennengelernt und haben kritische Perioden mitgemacht. Wenn die Geschäfte stocken, 's G'wölb leer is und der Handel- und Wandelbeflissene bloß dasteht, a paar Stanitzln macht und gedankenlos auf die Gass'n hinausschaut, da is es leicht! Aber plötzlich tritt neues Leben ins Merkantilische, in fünf Minuten steht 's ganze G'wölb voll Leut, da will eins anderthalb Lot Kaffee, da eins um zwei Groschen Gabri, der ein' frischen Aal, die ein' g'faulten Lemonie, da kommt ein zartes Wesen um ein' Bärnzucker, da ein Kuchelbär um ein Rosenöl, da lispelt ein brustdefekter Jüngling: »Ein' Zuckerkandl«, da schreit ein kräftiger Alter: »A Flaschel Schlibowitz!«, da will ein üppiges Wesen a Halstüchel, da eine Zaundürre Fischbeiner zu ein' ausg'schnittnen Leibel hab'n; da geht a Alte auf'n Kas los und schreit: »Mir ein' halb'n Vierting Schweizer!«, da kommt ein gemeiner Dienstbot ein' Haring austauschen, den ihr ihre noble Frau ins G'sicht g'worfen hat, weil's kein Milchner war – in solchen Momenten muss der Kommis zeigen, was ein Kommis is, d' Leut z'samm'schrein lassen, wie s' woll'n, und mit einer ruhigen, ans Unerträgliche grenzenden Gelassenheit eins nach 'n andern bedienen.

CHRISTOPHERL. Jetzt weiß ich aber noch allweil nit, was is's denn eigentlich mit mir?

WEINBERL. Ruhig, der Prinzipal wird es Ihnen notifizieren.

Zwölfter Auftritt

Zangler. Die Vorigen.

ZANGLER *(zur Seitentüre links kommend)*. Ah, Sie sind schon da!

WEINBERL. Der Herr Prinzipal haben befohlen –

CHRISTOPHERL. Befohlen –

WEINBERL. Wir sind daher in corpore erschienen.

CHRISTOPHERL *(leise zu Weinberl)*. In was sind wir erschienen?

WEINBERL *(zu Christopherl)*. Halten Sie 's Maul, in corpore!

ZANGLER. Ich muss Sie von einer Veränderung, mein Haus betreffend, in Kenntnis setzen. Sie haben bis jetzt nur einen Herrn gehabt, bald werden Sie auch eine Frau bekommen.

CHRISTOPHERL. Eine Frau? Ich bin ja noch viel zu jung.

WEINBERL *(zu Christopherl)*. Reden Sie nicht so albern, der Herr Prinzipal wird sich verehelich'n, und seine Frau wird auch die unsre sein, unsre Prinzipalin, unsre Prinzipal-Gebieterin.

ZANGLER. Ganz recht!

CHRISTOPHERL. Ah, so is das!

ZANGLER. Dieses wichtige Ereignis will ich nun durch Beförderungen in meinem Personale verherrlichen. Sie, Mussi Christoph –

CHRISTOPHERL *(für sich)*. Der sagt auch »Sie« und »Mussi« –

ZANGLER. Sie haben aufs G'wand gelernt, müssten daher eigentlich noch ein halbes Jahr Lehrjung bleiben! Diesen Zeitraum schenk ich Ihnen und ernenn Sie zum Kommis.

WEINBERL. So eine Auszeichnung wird wenigen zuteil. *(Zu Christopherl.)* Bedanken Sie sich doch!

CHRISTOPHERL *(küsst Zangler die Hand)*. Die Gunst des Prinzipals zu bestreben, ferneres Benehmen, würdig zu sein, Fleiß und Ausdauer zu erringen – 5

ZANGLER. Schon gut, ich wünsch, dass das nicht bloß schöne Worte sind –

WEINBERL. Nein, das sind sie gewiss nicht, ich glaube mit Grund, dass er sowohl Ihnen, Herr Prinzipal, und mir, seinem unmittelbaren Vorgesetzten, wie auch dem Kon- 10 tinentalhandel überhaupt Ehre machen wird.

ZANGLER *(zu Christopherl)*. Sie waren immer fleißig.

WEINBERL. Passabel.

ZANGLER *(zu Christopherl)*. Ehrlich, das ist die Hauptsach.

WEINBERL. Das is wahr, er hat in der Lehrzeit manche 15 Watschen kriegt, aber keine auf Veranlassung einer Watschen, die er der Budel gegeben hätt.

ZANGLER *(zu Christopherl)*. Es fehlt Ihnen nichts, als dass Sie sich mehr Manier gegen die Kundschaften aneignen. 20

WEINBERL *(zu Christopherl)*. Darüber hab ich Ihnen oft Lehren gegeben.

CHRISTOPHERL *(sich mit der Hand durch den Kakadu fahrend)*. Ja, sehr oft.

WEINBERL *(zu Christopherl)*. Hübsch mit »Euer Gnaden« 25 und »Gnädige Frau« herumwerfen, die War mit Anstand überreichen, zu jedem Rammel »Schatz« sag'n, 's kleine Geld zierlich mit Zeigefinger und Daum' herausgeben, die andern drei Finger werden bloß auf Händedrücke für Köchinnen verwend't. 30

ZANGLER. Das wird sich hoffentlich geben.

CHRISTOPHERL. O ja, so was begreift ein junger Kommis
sehr g'schwind.

ZANGLER *(zu Weinberl)*. Ihnen, Herr Weinberl, der schon
seit Jahren mein ganzes Zutrauen besitzt, der seit Jahren
das Geschäft zu meiner vollsten Zufriedenheit leitet, Ihnen ernenn ich zu meinem Associé.

WEINBERL *(äußerst überrascht)*. Ich Associé?

ZANGLER. Bei meiner Rückkunft werden wir den nötigen
Kontrakt auf- und der neuen Firma »& Kompanie« bei-
setzen. Ich verreise nämlich auf drei Tag, teils meiner
Heiratsangelegenheit wegen, teils anderer Angelegen-
heiten halber. Unter dieser Zeit übergebe ich Ihnen das
ganze Geschäft, schaun Sie auf alles, dass weder Unord-
nungen in den Magazinen noch in der Korrespondenz –

CHRISTOPHERL. Seit drei Wochen hab'n wir kein' Brief
kriegt, wie leicht könnt grad diese Tag –

ZANGLER *(ohne auf Christopherl zu hören, zu Weinberl)*.
Mit einem Wort, Sie sind ein solider Mensch, ich weiß,
dass ich mich auf Ihnen verlassen kann. Jetzt muss ich
zum Schützensouper. *(Setzt den neuen bordierten Hut
auf.)* Morgen früh um vier Uhr fahr ich fort –

CHRISTOPHERL. Sollten wir also nicht mehr die Ehre
hab'n, den Prinzipal zu sehn, so wünschen wir jetzt
glückliche Reis –

WEINBERL *(noch ganz perplex)*. Associé –!

ZANGLER. Ja, ja! Fassen Sie sich nur, mein lieber Weinberl!
Sie sind vom Tage meiner Verheiratung an mein Associé.
Adieu! Also nochmals: während meiner Abwesenheit
strenge Ordnung und Pünktlichkeit!

CHRISTOPHERL *(indem er ihn an die Türe begleitet)*. Wir
machen unser Kompliment, Herr Prinzipal!

Dreizehnter Auftritt

Die Vorigen ohne Zangler.

WEINBERL *(wonnetrunken und stolz sich mit einer Hand
am Tische stützend).* Associé! Hast du's gehört, Gremi-
um von Europa! Ich bin Associé!

CHRISTOPHERL. Unser Herr heirat't, Sie wer'n Kompagnon, nachher haben wir zwei Prinzipal', eine Prinzipalin,
und ich allein bin der ganze Personalstand.

WEINBERL. Buchhalter, das war immer der Chimborasso
meiner Wünsche, und jetzt blickt der Associé wie aus einem Wolkenthron mitleidig auf den Buchhalterstand-
punkt herab.

CHRISTOPHERL. Ich mach meine Gratulation.

WEINBERL. Und sonderbar! Gerad jetzt – jetzt –

CHRISTOPHERL. Jetzt sind Sie's ja noch nicht, erst bis der
Prinzipal heirat't.

WEINBERL. Gerade jetzt, wo das Berufsglück sein ganzes
Füllhorn ausschütt't über mich, werden in mir Wünsche
roglich wie Kisten, die auf einem Schubkarren schlecht
auf'packt sind.

CHRISTOPHERL. Aha! Ich g'spann, was der Associé
wünscht.

WEINBERL. Eine Associéin? O nein! Das irritiert mich
nicht, so was kommt von selbst, und wenn es nicht
kommt, so ist es auch noch kein Unglück.

CHRISTOPHERL. Also das is es nicht? Na, nachher gib ich 's
Raten auf. Mein Kopf is von der Lehrzeit her zu sehr
angegriffen, als dass ich mir 'n jetzt gleich zerbrechen
möcht.

WEINBERL. Glauben Sie mir, junger Mann! Der Kommis hat auch Stunden, wo er sich auf ein Zuckerfass lehnt und in süße Träumereien versinkt. Da fallt es ihm dann wie ein Fünfundzwanzig-Pfund-Gewicht aufs Herz, dass er von Jugend auf ans G'wölb gefesselt war wie ein Blassel an die Hütten. Wenn man nur aus unkompletten Makulaturbüchern etwas vom Weltleben weiß, wenn man den Sonnenaufgang nur vom Bodenfensterl, die Abendröte nur aus Erzählungen der Kundschaften kennt, da bleibt eine Leere im Innern, die alle Ölfässer des Südens, alle Heringfässer des Nordens nicht ausfüllen, eine Abgeschmacktheit, die alle Muskatblüt' Indiens nicht würzen kann.

CHRISTOPHERL. Das wird jetzt ein anders G'sicht kriegen als Kompagnon.

WEINBERL. Weiß nicht. Der Diener ist Sklav des Herrn, der Herr Sklav des Geschäfts. Erhaben ist die zweite Sklaverei, aber so biglem mit Genuss begabt als wie die erste. – Wenn ich nur einen wiffen Punkt wüsst in meinem Leben, wenn ich nur von ein paar Tag sagen könnt: da bin ich ein verfluchter Kerl g'wesen – aber nein! Ich war nie verfluchter Kerl. Wie schön wär das, wenn ich einmal als alter Handelsherr mit die andern alten Handelsherren beim jungen Wein sitz, wenn so im traulichen Gespräch das Eis aufg'hackt wird vor dem Magazin der Erinnerung, wenn die G'wölbtür der Vorzeit wieder aufg'sperrt und die Budel der Phantasie voll ang'ramt wird mit Waren von ehmals, wenn ich dann beim lebhaften Ausverkauf alter G'schichten sagen könnt: »Oh! Ich war auch einmal ein verfluchter Kerl, ein Teuxelsmensch, ein Schwerack!« – Ich muss – ich muss um jeden Preis dieses Verfluchtekerlbewusstsein mir erringen.

CHRISTOPHERL. Von mir aus hätten Sie dieses Bewusstsein schon lange; sooft Sie sich in meine Frisur verkrampelt haben, hab ich mir denkt: »Das is ein verfluchter Kerl, den holt –«

WEINBERL. Was Sie denken, geht mich nix an, *ich* muss es denken, muss es fühlen.

CHRISTOPHERL. So beuteln S' Ihnen selber den Schopf.

WEINBERL *(von einer Idee ergriffen)*. Halt! Ich hab's –!

CHRISTOPHERL. Na, was denn?

WEINBERL. Ich mach mir einen Jux.

CHRISTOPHERL. Ein' Jux?

WEINBERL. Grad jetzt auf der Grenze zwischen Knechtschaft und Herrschaft mach ich mir einen Jux. Für die ganze Zukunft will ich mir die leeren Wände meines Herzens mit Bildern der Erinnerung schmücken – ich mach mir einen Jux!

CHRISTOPHERL. Wie wer'n Sie aber das anstellen?

WEINBERL. Woll'n Sie dabei sein, Mussi Christoph?

CHRISTOPHERL. Warum nicht? Ich bin freig'sprochen worden: kann man die Freiheit schöner als durch ein' Jux zelebrieren?!

WEINBERL. Wir sperrn 's G'wölb zu, während der Prinzipal aus ist! Sind Sie dabei?

CHRISTOPHERL. 's G'wölb zusperrn war immer meine Leidenschaft, solang ich bei der Handlung bin.

WEINBERL. Wir fahren in die Stadt und suchen fidele Abenteuer auf! Sind Sie dabei?

CHRISTOPHERL. Freilich! Ich riskier nix. Sie sind Kompagnon; indem ich Ihnen folg, erfüll ich nur meine Pflicht.

Jetzt, was Sie riskiern, das tuschiert mich nicht. Ich bin dabei.

WEINBERL. Halt, Jüngling! Sie setzen mir da einen Floh ins Ohr, den ich erst fangen und töten muss. Kann es der Prinzipal erfahren? Er kommt nie mit die Nachbarsleut zusamm', er sitzt immer in der Schreibstub'n, disk'riert nie mit die Kundschaften, geht an keinen öffentlichen Ort, außer alle Quartal zu der Schützengesellschaft. Er kann es nicht erfahren –

CHRISTOPHERL. Wenn uns aber zufällig der Prinzipal in der Stadt sieht?

WEINBERL. Er ist ein alter Herr, der heirat't, folglich mit Blindheit g'schlagen. Und wissen wir denn auch, ob er in die Stadt fahrt? Und dann geht er auch Geschäften, wir bloß dem Vergnügen nach; sein Weg geht tschihi, unserer dahott, wie die Seeleute sagen, sprich ich, wie die Fuhrleute sagen.

CHRISTOPHERL. Wenn uns aber die Fräul'n Marie verrat't?

WEINBERL. Die hat Liebesaffären, is folglich froh, wann sie nicht verraten wird.

CHRISTOPHERL. Wann aber die alte Gertrud plauscht?

WEINBERL. Das Hindernis is unübersteiglich, sie is ein altes Weib, sie muss plauschen. – Aber wenn wir – halt – so geht's – die Alte muss gerade die Assekuranz sein bei unserer Unternehmung. Helfen Sie mir g'schwind in dem Herrn seine Schützenuniform hinein! *(Kleidet sich während des Folgenden schnell mit Christopherls Beihilfe in die auf dem Tische liegende alte Schützenuniform Zanglers, schnallt den Hirschfänger um und setzt den Hut auf.)*

CHRISTOPHERL. Wegen was denn?

WEINBERL. Weil ich den Herrn Zangler vorstellen will! Damit s' die Stimme nicht kennt, stell ich mich bös, und Sie sagen ihr den Auftrag, den ich als Zangler geb und den sie dann an mich ausrichten muss, wenn ich wieder Weinberl bin.

CHRISTOPHERL. Ich bin mir nicht g'scheit g'nug.

WEINBERL. Stellen Sie 's Licht auf den Tisch hinüber!

CHRISTOPHERL. Gleich. *(Nimmt eilig das Licht vom Tische links und stellt es auf den Tisch rechts.)*
(Weinberl wirft sich in den am Tische links stehenden Stuhl und läutet heftig mit der Tischglocke.)

Vierzehnter Auftritt

Gertrud. Die Vorigen.

GERTRUD *(aus der Seitentüre rechts kommend, für sich).* Das is wieder eine Läuterei, als ob alles taub wär. *(Laut.)* Was schaffen S', Herr von Zangler? *(Beiseite.)* I war schon froh, hab glaubt, er is fort.

CHRISTOPHERL *(welchem Weinberl leise etwas erklärt hat, zu Gertrud).* D' Frau Gertrud hat den Herrn wieder kurios bös g'macht.

GERTRUD. Ich weiß aber nicht –
(Weinberl hustet und brummt ärgerlich einige unverständliche Worte.)

CHRISTOPHERL. Hat 'n d' Frau g'hört? Er will gar nicht reden mit Ihr, drum gibt er Ihr durch mich den Auftrag, Sie soll morgen in aller Fruh dem Herrn Weinberl sagen –

GERTRUD. Der Christopherl wird doch heut noch selber den Herrn Weinberl sehn, folglich kann ihm ja der Christopherl –

CHRISTOPHERL. Mussi Christoph, bitt ich mir aus.

(Weinberl hustet und brummt noch heftiger als früher. Gertrud erschrickt.)

CHRISTOPHERL. Hat 'n d' Frau g'hört? Der Herr hat mir andere G'schäft gegeben, die meinen ganzen Hirnkasten in B'schlag nehmen. Weil ich also drauf vergessen könnt, so soll durchaus die Frau Gertrud –

(Weinberl hustet und brummt wie vorher.)

CHRISTOPHERL. Hat 'n d' Frau g'hört? – Die Frau Gertrud soll also morgen in aller Fruh dem Herrn Weinberl sagen, der Herr Zangler lässt ihm strengstens anbefehl'n, dass er während seiner Abwesenheit durch zwei Tag das G'wölb ja nicht aufsperren soll. Verstanden?

GERTRUD. Na freilich, 's G'wölb darf nicht aufg'sperrt wer'n, das wird doch nicht schwer zu verstehn sein.

(Weinberl murmelt etwas zu Christopherl, welcher sich seinem Stuhle etwas genähert hat.)

CHRISTOPHERL. Frau Gertrud soll schaun, dass s' weiterkommt, und soll ihm nicht mehr vor Augen –

GERTRUD. Naja!

(Weinberl hustet und brummt noch ungestümer als vorher.)

CHRISTOPHERL. Hat 'n d' Frau g'hört?

GERTRUD *(erschrocken zur Seitentüre rechts gehend)*. Der Mann is heut in einer Laune, das is schon aus der Weis. *(Ab.)*

Fünfzehnter Auftritt

Die Vorigen ohne Gertrud.

WEINBERL *(lachend vom Stuhl aufstehend).* Sehn Sie, jetzt sind wir gedeckt. Erfahrt im schlimmsten Fall der Prinzipal, dass 's G'wölb zug'sperrt war, so berufen wir uns auf seinen Befehl, den wir durch die Frau Gertrud erhalten haben.

CHRISTOPHERL. Dann glaubt er, die Alte is verruckt.

WEINBERL. Das verschlagt ihr nix, denn für g'scheit hat er s' nie g'halten.

CHRISTOPHERL. Meiner Seel, pfiffig ausspekuliert! Na, Sie sind ja auch einmal Lehrjung g'west, sonst könnt das G'wixte nicht in Ihnen stecken.

WEINBERL. Richten Sie sich jetzt das Sonntagsg'wand! Was zur Eleganz fehlt, Krawattel, Schmisel, Handschuh' und Schnopftüchel werd ich Ihnen leihn.

CHRISTOPHERL. Juchhe, das wird ein Jux wer'n morgen! *(Geht zur Mitte ab.)*
(Man hört von außen Zangler räuspern und husten.)

CHRISTOPHERL *(erschrocken zurückprallend).* O Jegerl, der Alte kommt!

WEINBERL *(erschrocken).* Der Herr Zangler – wann er mich in dem Aufzug sieht –

CHRISTOPHERL. Ich retirier mich zu der Frau Gertrud hinein.

WEINBERL. Aber was tu denn ich? Ich kann mich so weder vor der Frau Gertrud noch vor 'n Herrn Zangler zeigen.

CHRISTOPHERL. Ich geh zu der Frau Gertrud, ich riskier nix, aber ich bin dabei. *(Geht zur Seitentüre rechts ab.)*

WEINBERL. Mir bleibt nix übrig – *(Löscht schnell das Licht aus und eilt hinter den Ofenschirm links im Hintergrunde.)*

Sechzehnter Auftritt

Zangler. Weinberl (hinter dem Schirm).

ZANGLER *(zur Mitte eintretend).* Ich hab mir das Ding anders überlegt, zur Schützentafel komm ich später auch noch z'recht. Wie leicht könnt der saubre Herr Sonders diesen Abend zu einem Rendezvous benützen wollen. Ich werd an meinem Fenster ein wenig aufpassen. Wir haben Vollmond, da seh ich's prächtig, wenn er allenfalls ins Haus hereinschleichen wollt! Der saubere Herr Sonders, der! *(Geht in die Seitentüre links ab.)*

Siebzehnter Auftritt

Weinberl. Dann Marie und Sonders.

WEINBERL *(kommt hinter dem Schirm hervor).* Er is drin, jetzt kann ich mich ausg'schirren.
SONDERS *(von außen).* Nein, nein, Marie! So geh ich nicht von dir.
WEINBERL *(erschreckend).* Verdammt, da kommt wieder wer – ich komm als Associé in die Sauce – ich muss abermal – *(Läuft wieder hinter den Schirm.)*
MARIE *(mit Sonders zur Mitte eintretend).* Aber, August –

SONDERS. Versprich mir, in meinen Plan zu willigen.

MARIE. Ich soll dem Vormund durchgehn –?

SONDERS. Fliehen sollst du mit mir.

MARIE. Das schickt sich nicht.

SONDERS. Marie! 5

MARIE. Fliehen, durchgehen und auf und davon laufen is eins, und das schickt sich nicht!

SONDERS. Du hierbleiben, mir entrissen werden und ich mir eine Kugel vor den Kopf brennen, ist auch eins, und das schickt sich so gewiss, wenn du nicht Mut hast – 10

MARIE. August, du bist ein fürchterlicher Mensch.

SONDERS. Des Alten Eigensinn lässt uns nichts anderes übrig.

MARIE. Wenn ich dir aber sage, es schickt sich nicht! Du sollst eigentlich schon lang fort sein, ich hab dir nur er- 15 laubt, bis es Abend wird, und hier ist nicht einmal Licht.

SONDERS. Haben Liebende je eines andern Lichtes bedurft als des Mondes, der eben freundlich durch die Fenster blickt?

MARIE. Der Mondschein schickt sich nicht. Du gehst ent- 20 weder sogleich fort oder gehst mit mir zur Frau Gertrud hinein, die hat Licht.

SONDERS. Die darf ja nicht erfahren –

MARIE. Warum nicht? Machen wir sie zur Vertrauten un- serer Liebe. 25

SONDERS. Ich traue alten Weibern nie. *(Nach der Türe rechts horchend.)* Da hör ich jemand an der Türe!

MARIE. Am End gar der neugierige Christoph –

SONDERS. Wir wollen einen Augenblick uns hier verber- gen. *(Nimmt Marie bei der Hand und geht mit ihr von der* 30 *rechten Seite hinter den Schirm.)*

MARIE *(indem August sie nach sich zieht)*. Ach Gott, das schickt sich nicht!
(Weinberl, der hinter dem Schirm steht, drückt sich so viel als möglich gegen die linke Seite, ohne sich zu getrauen, sein Versteck zu verlassen.)

Achtzehnter Auftritt

Gertrud. Die Vorigen hinter dem Schirm.

GERTRUD *(aus der Seitentüre rechts kommend)*. Was ist das? Kein Licht da? Ah, das wird der Herr ausg'löscht haben, wie er fort is. Ich muss schaun, dass ich dem Mussi Weinberl heut noch den Befehl ausrichten kann, dass s' G'wölb zug'sperrt bleibt, bis morgen könnt ich vergessen, da wär's nachher wieder ein Lärm! Oh, der Alte – das is ja ein – *(Geht zur Mitte ab.)*

Neunzehnter Auftritt

Weinberl. Sonders. Marie.

SONDERS *(Weinberl hervorziehend)*. Da hat uns einer belauscht, nur hervor!
MARIE *(ebenfalls vorkommend, erschrickt, indem sie Weinberl der Schützenuniform wegen für Zangler hält)*. Himmel, der Vormund –!
SONDERS *(betroffen)*. Herr Zangler –
MARIE *(Weinberl zu Füßen fallend)*. Lieber Herr Onkel-

Vormund, sein Sie nicht bös, ich kann nichts davor, ich weiß, dass es sich nicht schickt, aber –

SONDERS. Ich habe Marien gegen ihren Willen bis in die Stube verfolgt, zürnen Sie daher mir doppelt und dreifach, wenn Sie wollen, doch Marien dürfen Sie keine Schuld zumessen.

MARIE. Nein, gar nichts zumessen! – Verzeihung, lieber Herr Onkel und Vormund! – Sie schweigen? Diese schauerliche Stille verkündet einen furchtbaren Sturm.

WEINBERL (*welcher in größter Verlegenheit dagestanden, indem er jeden Augenblick fürchtet, trotz der Dunkelheit von Marien erkannt zu werden, weiß sich nicht anders zu helfen, nimmt zuerst Mariens, dann Sonders' Hand und fügt ihre beiden Hände segnend ineinander*).

SONDERS (*auf höchste erstaunt und freudig überrascht*). Ist's möglich –!? Diese Sinnesänderung –? Sie segnen unsern Bund –?

MARIE. Ach, lieber, göttlicher Herr Onkel und Vormund!

WEINBERL (*hebt die noch immer kniende Marie empor und legt sie in Sonders' Arm*).

MARIE. August! ⎱
SONDERS. Marie! ⎰ *zugleich*

(*Weinberl benützt den Moment, während die Liebenden sich in den Armen halten, und eilt leise und mit großen Schritten zur Mitteltüre hinaus.*)

Zwanzigster Auftritt

Die Vorigen ohne Weinberl.

SONDERS. Jetzt bist du meine Braut –

MARIE *(sich aus Sonders' Armen erhebend).* Wie soll ich Ihnen danken, Herr Onkel?

SONDERS *(beinahe zugleich mit voriger Rede).* Vortreffli-
cher, herrlicher Mann –! *(Beide bemerken mit Staunen,
dass niemand mehr da ist.)*

MARIE. Was is denn das?

SONDERS. Er ist fort!

MARIE. Wo ist er denn hin?

SONDERS. Ohne Zweifel auf sein Zimmer. Der gute Mann
will das erste Entzücken beglückter Liebe nicht stören.
Marie, komm in meine Arme!

MARIE. Von Herzen gern, jetzt schickt es sich ja.

SONDERS *(sie umarmend).* Liebes, teures Mädchen!

Einundzwanzigster Auftritt

Zangler. Später Weinberl und Christopherl. Die Vorigen.

ZANGLER *(kommt mit Licht aus der Seitentüre links).* Was
gibt's denn da –? Ich glaub gar – *(ergrimmt)* Himmel-
Mordtausend-Element –! Herr, Sie unterstehen sich –

MARIE *(wie aus den Wolken gefallen).* Aber, lieber Herr
Onkel – Sie haben ja selbst –

ZANGLER. Entartetes Mädel! *(Sie zur Seitentüre links
schleudernd.)* Da hinein!

SONDERS. Haben Sie nicht erst in diesem Augenblick –

ZANGLER *(wütend)*. Verwegener Landstreicher! *(Auf die Mitteltüre zeigend.)* Da hinaus!

(Weinberl tritt, bereits wieder umgekleidet, zur Mitte ein und sieht, im Hintergrunde rechts stehend, dem Auftritte zu, ebenso Christopherl, welcher auf den Lärm neugierig aus der Seitentüre rechts tritt; beide stehen so, dass Sonders ihnen das Gesicht nicht zuwendet.)

MARIE. Das kann Ihr Ernst nicht sein?

ZANGLER *(immer wütender)*. Hinein!

SONDERS. Entweder Sie halten uns jetzt zum Besten oder haben früher –

ZANGLER *(wie oben)*. Hinaus!

MARIE *(weinend zur Seitentüre links gehend)*. Der Vormund is verhext! *(Ab.)*

ZANGLER *(ihr nachrufend)*. Hinein!!

SONDERS. Sie sind verrückt, Herr, aber Geduld, ich werde –

ZANGLER *(mit den Füßen stampfend)*. Hinaus!

SONDERS. Es ist zu arg! *(Geht in großer Aufregung zur Mitte ab.)*

ZANGLER *(indem er in die Seitentüre links abgeht)*. Wart, ungeratenes Geschöpf, dich wird meine Schwägerin koramisieren! *(Ab.)*

WEINBERL *(vortretend)*. Das is eine Historie –!

CHRISTOPHERL *(in ausgelassener Freude springend)*. Ich vergönn ihr's! Warum heißt s' mich immer einen dalketen Bub'n!

WEINBERL. Mir scheint, ich fang schon an, verfluchter Kerl zu sein! Das is der Vorgeschmack vom Jux.

(Im Orchester beginnt heitere Musik.)

Der Vorhang fällt.

Zweiter Aufzug

Straßendekoration, nur zwei Kulissen tief. Der Prospekt
stellt die gerade über die Bühne laufende Häuserreihe einer
Gasse vor, ohne alles Perspektiv. An dem mitten im Prospekt
sich befindenden Hause ist das Tor offen, so dass man weiter
hinten eine praktikable Stiege sieht; in der Einfahrt rechts
ist eine Türe, die zur Hausmeisterwohnung führt. Über
dem Haustore ist eine Tafel mit großer Aufschrift: »ANNA
KNORRS MODEWAREN-VERLAG«.

Erster Auftritt

Weinberl. Christopherl.
Christopherl in seinem Sonntagsanzuge von grauem
Tuche mit roter Krawatte und blauem Schal geschmacklos
geputzt. Weinberl in blauem Frack, weißen Pantalon,
aber in geschmackloser Gala, treten von links auf.

CHRISTOPHERL. Das wärn Abenteuer? Ich dank –
WEINBERL. Ja, lieber Freund, ich kann Ihnen die Abenteuer nicht herzaubern. Glauben Sie, mir is das ang'nehm,
da herumz'gehn wie a Waserl, mir, dem obendrein noch
jedes offene G'würzg'wölb einen heimlichen Gewissens-
biss macht?
CHRISTOPHERL. Den ganzen Vormittag is uns nix unter'kommen, nix aufgestoßen.
WEINBERL. Wir wollen die Hoffnung nicht sinken lassen – vielleicht stößt uns jetzt Nachmittag was auf. Arg
wär das, wenn wir vier Stund weit herfahreten, einen

ganzen Tag in der Residenz zubrächten, ohne einen Jux
's Geld verjuxt –

CHRISTOPHERL. Das wär a Jux! Vor allem andern müssen
wir doch wieder unter die Leut gehn! In dem öden Gas-
sel da wer'n wir nix erleb'n.

WEINBERL. O Freund, in die öden Gasseln erlebt man allerhand! Das is ja grad das Abenteuerliche! Wie oft
hab ich gelesen in die Bücher: »Er befand sich, ohne zu
wissen wie, in einem engen, abgelegenen Gässchen,
plötzlich gewahrt er an der Ecke einen Mann in einem
Mantel, ihm war's, als ob er ihm gewunken – an der
andern Ecke sieht er auch einen Mann, ihm deucht', als
hätt er ihm gewinkt, unentschlossen steht er da, er
weiß nicht, soll er dem folgen, der ihm gewinkt, oder
dem, der ihm gewunken – da öffnen sich plötzlich die
Fenster –«

*(A tempo öffnet Philippine das Fenster im Hause der
Madame Knorr im Prospekt.)*

WEINBERL *(ohne dies zu bemerken, fährt fort)*. »Und eine
zarte weibliche Hand –«

*(Philippine hat eilig am Fenster ein Glas mit Wasser
ausgespült, schüttet es, ohne herabzusehen, auf die
Straße und schlägt sogleich wieder das Fenster zu.)*

WEINBERL *(den es beinahe getroffen, erschrocken zur Seite
springend)*. Na, sein S' so gut –

CHRISTOPHERL. Das ging' mir grad noch ab –

WEINBERL. Wenn ich jetzt einen halben Schritt weiter
links g'standen wär, so könnt ich sagen, dass ich in der
Residenz überschüttet worden bin, mit was, das braucht
kein Mensch z' wissen.

CHRISTOPHERL. Was logiert denn für ein Völkel da drob'n?

WEINBERL *(liest das Schild)*. »Anna Knorrs Modewaren-
Verlag« –

CHRISTOPHERL. Das is eine schöne Mod, dass man d' Leut
anschütt't.

WEINBERL *(nach rechts in die Szene sehend)*. Sieh, dort
steht ein Mann.

CHRISTOPHERL. Winkt uns aber nicht!

WEINBERL. Er kommt näher – er bleibt wieder stehn – das
is ja –

CHRISTOPHERL. Meiner Seel –

WEINBERL. Das is der Herr von Brunninger –

CHRISTOPHERL. Der öfters zu unserm Prinzipal kommt?

WEINBERL. Der kennet uns gleich –

CHRISTOPHERL. Fahrn wir ab! –

(Beide wollen links ab.)

WEINBERL. Halt! *(Bleibt wie vom Donner gerührt stehen.)*
Das is Blendwerk, das kann nicht sein! – *(Zeigt erstarrt in
die Szene links.)*

CHRISTOPHERL *(erschrocken)*. Der Herr Zangler!

WEINBERL. Der Prinzipal! –

CHRISTOPHERL. G'schwind da ins Haus hinein –

WEINBERL. Dem Abenteuer weichen wir aus!
*(Beide eilen in das offene Haustor mitten im Prospekt und
bleiben unter der Einfahrt, sich links drückend, stehn.)*

CHRISTOPHERL. Er wird gleich vorbei sein.

WEINBERL. Nur ruhig!

Zweiter Auftritt

Hausmeister. Die Vorigen.

HAUSMEISTER *(aus der Türe rechts unter dem Tore wegtretend)*. Was gibt's da?

CHRISTOPHERL. Nix, gar nix.

WEINBERL. Wir wollen –

CHRISTOPHERL. Nix, gar nix.

HAUSMEISTER. Wieder passen auf d' Weibsbilder? – Weiter um a Haus! –

CHRISTOPHERL. Nit um a G'schloss! –

WEINBERL. Wir müssen da hinauf –

HAUSMEISTER. Zu wem?

WEINBERL *(im Zweifel, was er sagen soll)*. Zu – zu – na, was da draußt auf der Tafel steht –

CHRISTOPHERL. Madame Knorr, Modewarenverlagsniederlagverschleißhändlerin –

HAUSMEISTER. Die logiert im ersten Stock und nit unter der Einfahrt.

CHRISTOPHERL. Eben desstwegen gehen wir ja hinauf.

WEINBERL *(zum Hausmeister)*. Ja, hab'n Sie glaubt, dass wir nit hinaufgehn? –

HAUSMEISTER. Ersten Stock, rechts die Tür!

WEINBERL. Dank' Ihnen. *(Geht zögernd die Stiege hinauf.)*

CHRISTOPHERL. Also gehn wir! *(Indem er Weinberln folgt.)* Wir können nit fehl'n, rechts die Tür! *(Man sieht beide die Stiege hinaufgehen.)*

HAUSMEISTER *(nach einer kleinen Pause)*. Denen geh ich nach, i muss sehn, ob's mi nit ang'logen hab'n. *(Geht ebenfalls die Stiege hinauf.)*

Dritter Auftritt

Zangler. Dann Brunninger.

ZANGLER *(von links kommend)*. Das wär getan – das auch – zur Schwägerin hab ich hing'schickt, also – *(Geht in das Haus, wo Christopherl und Weinberl hineingegangen sind.)*

BRUNNINGER *(eilig von rechts kommend)*. Herr von Zangler! Herr von Zangler!

ZANGLER *(bereits unter dem Torweg, sich wieder umwendend)*. Wer ruft denn?

BRUNNINGER *(auf ihn zueilend)*. So hab ich halt doch recht g'sehn! –

ZANGLER. Herr von Brunninger! Freut mich!

BRUNNINGER. Seit wann in der Stadt? Kommen wie gerufen, müssen gleich jetzt mit mir zum Advokaten, es is wegen der Krüglischen Sache.

ZANGLER. Freund, das lassen wir bis später – jetzt muss ich –

BRUNNINGER. Nein, Freund, ich lass Ihnen nicht aus, die Krüglische Sache –

ZANGLER. Liegt mir bei weitem nicht so am Herzen als wie –

BRUNNINGER. Hat sich aufs vorteilhafteste gestaltet, wir kommen alle zwei zu unserm Geld. –

ZANGLER. Ich weiß –

BRUNNINGER. Die Krüglische Sache –

ZANGLER. Muss jetzt, aufrichtig g'sagt, einer Herzenssache nachstehn.

BRUNNINGER. Was?!

ZANGLER. Ich heirat!

BRUNNINGER. Wem? –

ZANGLER. Noch weiß es kein Mensch und doch steht's mit großmächtige Buchstaben ang'schrieben auf der Gassen.

BRUNNINGER. Wo? 5

ZANGLER *(auf die Tafel über dem Haustor deutend)*. Da – Madame Knorr –

BRUNNINGER. Is das die Erwählte? Gratulier', aber –

ZANGLER *(eilig)*. Ich muss jetzt zu ihr –

BRUNNINGER. Da vergessen S' mir ganz auf die Krügliche 10 Sache – nix da, ich lass Ihnen nicht aus –

ZANGLER. Aber, Freund –

BRUNNINGER. In zehn Minuten is es abgetan.

ZANGLER. Aber g'wiss nit länger?

BRUNNINGER *(ihn unter dem Arm nehmend)*. Nein, sag 15 ich, kommen S' nur g'schwind!

ZANGLER. Meinetwegen, aber –

BRUNNINGER *(mit Zangler abgehend)*. Sie werden sich wundern, Freund, ich sag Ihnen, die Krügliche Sache –

ZANGLER. Länger als zehn Minuten kann ich nicht – 20

(Beide ab.)

Verwandlung

Zimmer bei Madame Knorr, mit Mittel- und Seitentüren.

Vierter Auftritt

Philippine. Weinberl. Christopherl.

PHILIPPINE. Wollen die Herren da hereinspazieren? Ich
werd's gleich der Madame sagen. *(Geht in Seitentüre links*
ab.)

WEINBERL. Da wärn wir! Sehn Sie, das sieht schon ein'
Abenteuer gleich.

CHRISTOPHERL. Was sagen wir denn aber, wenn die
Madame kommt?

WEINBERL. Was uns einfallt!

CHRISTOPHERL. Wenn uns aber nix G'scheits einfallt?

WEINBERL. So sagen wir was Dumm's. Unsere Lag erfordert mehr Hardiesse als G'scheitheit.

CHRISTOPHERL. Freilich, ein g'scheiter Mensch lasst sich
auf so Sachen gar nicht ein –

WEINBERL. Sie kommt! –

Fünfter Auftritt

Madame Knorr. Philippine. Die Vorigen.

PHILIPPINE *(mit Madame Knorr aus der Seitentüre rechts*
kommend). Das sind die Herren! *(Geht zur Mitte ab.)*
(Weinberl und Christopherl machen Madame Knorr
stumme Komplimente.)

CHRISTOPHERL *(zu Weinberl, leise)*. Wenn Sie nit zum
Reden anfangen, ich fang nit an.

WEINBERL. Nur Geduld! –

MADAME KNORR. Was steht zu Diensten, meine Herren?

WEINBERL. Hab ich die Ehre, Madame Knorr –?

MADAME KNORR. Oh, ich bitte, die Ehr ist meinerseits!

CHRISTOPHERL *(beiseite)*. Der Anfang ist sehr ehrenvoll.

MADAME KNORR. Wünschen die Herren vielleicht in meinem Warenlager eine kleine Auswahl zu treffen?

CHRISTOPHERL *(leise zu Weinberl)*. Sie, das tut's nit, 's könnt uns 's Geld z'wenig wer'n.

WEINBERL. Wir kommen eigentlich weniger, um zu kaufen –

CHRISTOPHERL. Noch eigentlicher, um gar nix zu kaufen.

WEINBERL. Sondern vielmehr, gekaufte Sachen zu bezahlen.

MADAME KNORR *(sehr freundlich)*. Oh, ich bitte! –

CHRISTOPHERL. Das heißt eigentlich nicht zu bezahlen –

WEINBERL. Sondern eigentlich nur, um uns über eine Rechnung zu informieren, wie viel sie beträgt, und dieser Tage dann zu bezahlen.

MADAME KNORR. Wie es gefällig ist, aber was für eine Rechnung meinen Sie denn eigentlich?

WEINBERL. Die Rechnung von – *(beiseite zu Christopherl)* sie wird doch eine Kundschaft haben, die Schmidt heißt. *(Laut.)* Die Rechnung nämlich von der Frau von Schmidt –

MADAME KNORR. Das muss ein Irrtum sein, ich habe keine Kundschaft, die Frau von Schmidt heißt.

WEINBERL. Jetzt is's recht. *(Laut.)* Ich habe mich nur versprochen, Frau von Müller, hab ich sagen wollen. – *(Beiseite.)* Da wird s' doch eine haben? –

MADAME KNORR. Verzeihn Sie, ich hab auch keine Frau von Müller zu bedienen.

WEINBERL *(beiseite)*. Da soll doch der Teufel –! *(Laut.)* Ich bin aber heut so zerstreut, Frau von Fischer heißt diejenige –

MADAME KNORR. Ah, Frau von Fischer, ja, das ist was anders, ja, die Frau von Fischer meinen Sie? –

WEINBERL *(leise zu Christopherl)*. Sehn S', jetzt hab ich's halt doch troffen.

CHRISTOPHERL *(leise zu Weinberl)*. Es is aber unbegreiflich, wie man nicht gleich Frau von Fischer sagen kann; das gibt doch die Vernunft.

MADAME KNORR. Aber wie kommt das? Frau von Fischer ist mehr meine Freundin als bloß Kundschaft –

WEINBERL. Bitte, wenn die Freundin was kauft, is sie Kundschaft und muss zahlen; wenn das nicht wär, so hätten die Kaufleut lauter Freund und gar keine Kundschaften.

MADAME KNORR. Aber es pressiert ja nicht. Frau von Fischer verrechnet sich alle Jahr mit mir – und jetzt muss ich mir schon die Freiheit nehmen, zu fragen, wer Dieselben sind und wie Sie dazu kommen, für die Frau von Fischer bezahlen zu wollen? –

WEINBERL. Sie ist also Ihre Freundin? –

MADAME KNORR. Das glaub ich; noch wie ihr seliger Mann gelebt hat, und gar jetzt die drei Jahr, als sie Witwe ist. –

WEINBERL *(leise zu Christopherl)*. Jetzt geben Sie acht, was ich der Sach für eine Wendung geb! – *(Laut.)* Drei Jahr war sie Witwe, ganz recht, aber seit drei Täg ist sie's nicht mehr.

MADAME KNORR *(erstaunt)*. Wieso?

WEINBERL. Ich bin ihr Gemahl!

MADAME KNORR *(aufs äußerste überrascht)*. Was!? –

CHRISTOPHERL *(für sich)*. Ah, das is ein kecker Ding! –

MADAME KNORR. Wär's möglich! Vor drei Tagen hat meine Freundin Fischer geheirat't!?

WEINBERL. Ich bin der Glückliche von drei Täg! – *(Leise zu Christopherl, triumphierend.)* Sehn Sie, das heißt halt Geist.

MADAME KNORR *(hat etwas von diesen Worten gehört)*. Wer heißt Geist? –

WEINBERL. Geist? – Ich heiße Geist. *(Für sich.)* 's is all's eins, ich kann heißen, wie ich will.

MADAME KNORR. Ich bin so überrascht, Herr von Geist –

CHRISTOPHERL *(für sich)*. Man sähet ihm's nicht an.

MADAME KNORR. Und dieser junge Herr? *(Auf Christopherl zeigend.)*

WEINBERL. Ein meiniger Verwandter.

MADAME KNORR. Aber warum hat man so eine wichtige Sach vor einer intimen Freundin verheimlicht? –

WEINBERL. Sie sollen alles erfahren! Aber wollen Sie jetzt nur wegen der Rechnung nachschaun.

MADAME KNORR. Gleich, gleich! *(Will Seitentüre rechts ab, zögert aber.)*

WEINBERL *(leise zu Christopherl)*. Derweil fahrn wir ab! –

CHRISTOPHERL *(leise zu Weinberl)*. Recht, dem Alten begegnen wir jetzt nicht mehr.

MADAME KNORR. Nein, ich kann mich noch gar nicht erholen von dem Erstaunen und der Überraschung.

Sechster Auftritt

Philippine. Vorige.

PHILIPPINE *(zur Mitte eintretend).* Madame, die Frau von
Fischer is da, sie will aber nicht herein, weil Herren da
sind.

CHRISTOPHERL *(für sich).* Jetzt geht's z'samm'! –

WEINBERL *(ganz verblüfft).* Wer is da –?

MADAME KNORR. Ihre liebe Frau. *(Zu Philippine.)* Sie soll
nur hereinkommen, es is ja ihr Gemahl –

WEINBERL *(verlegen).* Nein, sagen Sie ihr –

MADAME KNORR. Zu was diese Sachen? *(Zu Philippine.)*
Sie soll kommen, ihr Gemahl, ihr lieber Geist is da.
(Philippine geht zur Mitte ab.)

WEINBERL *(in großer Verlegenheit, für sich).* Ich wollt, ich
wär ein Geist, dass ich verschwinden könnt.

MADAME KNORR. Ich begreif nicht – wozu diese Zurück-
haltung, dieses geheimnisvolle Wesen –?

WEINBERL. Meine Frau, die hat das, Sie werden sehn, sie
wird jetzt noch tun, als ob ich ihr ein fremder Mensch
wär.

CHRISTOPHERL *(für sich).* Ja, sie wird so dergleichen tun.

MADAME KNORR. Am End is sie obstinat und bleibt drauß-
ten.

WEINBERL *(für sich).* Das wär a Glück! –

MADAME KNORR. Da muss ich gleich – wär nicht übel –!
(Geht zur Mitteltüre.)

WEINBERL *(zu Christopherl).* Ich bin sehr gespannt auf
meine Frau.

MADAME KNORR *(Frau von Fischer unter der Türe empfan-*

gend). Nur her da, komm in meine offenen Arme, du Verschlossene!

Siebenter Auftritt

Frau von Fischer tritt befremdet zur Mitte ein. Die Vorigen.

PHILIPPINE *(zu Frau von Fischer).* Jetzt sehn Sie, dass ich kein' Spaß hab g'macht.

MADAME KNORR. Nein, es is Ernst, da steht er, dein Gemahl, der Herr von Geist –

FRAU VON FISCHER. Mein Gemahl –? Und er hat dir selbst gesagt –?

MADAME KNORR. Dass du seit drei Tagen die Seinige bist – jetzt nutzt keine Verstellung mehr. – *(Zu Philippine.)* Philippine, lassen Sie g'schwind Kaffee machen und dann soll – *(Gibt ihr leise mehrere Aufträge.)*
(Frau von Fischer betrachtet Weinberl scharf. Weinberl zieht sich verlegen immer mehr links zur Seite.)

FRAU VON FISCHER *(nach einer Pause vortretend, für sich).* Das ist entweder eine exzentrische Art, den Anbeter machen zu wollen, oder der Mensch erlaubt sich einen Scherz mit mir; im ersten Fall verdient die Sache nähere Erwägung, im zweiten Fall verdient die Keckheit Strafe; in jedem Fall aber muss ich ins Klare kommen, und das kann ich am besten, wenn ich in seine Idee einzugehen scheine, vor meiner Freundin seine Frau spiele und die Gelegenheit abwarte, ihn in die Enge zu treiben.

PHILIPPINE *(zu Madame Knorr).* Schon recht, Madame! – *(Geht zur Mitte ab.)*

MADAME KNORR *(zu Frau von Fischer)*. Und jetzt zu dir, du garstige Freundin –

WEINBERL *(leise zu Christopherl)*. Die garstige Freundin ist eigentlich sehr sauber.

5 CHRISTOPHERL *(leise zu Weinberl)*. Was nützt das, wir kommen doch in eine wilde G'schicht. –

MADAME KNORR *(zu Frau von Fischer)*. Wie hast du das übers Herz bringen können, zu heiraten, ohne dass ich was weiß? –

10 FRAU VON FISCHER. Es war ein Grund – den dir mein lieber Mann sagen wird.

WEINBERL *(verblüfft für sich)*. Sie sagt »lieber Mann« – sie tut richtig so –

MADAME KNORR. Nun, Herr von Geist?

15 WEINBERL *(verlegen)*. Oh, den Grund, den kann Ihnen meine liebe Frau ebenso gut sagen.

FRAU VON FISCHER. Nein, lieber Mann, sag du es nur.

WEINBERL *(wie oben)*. Ah, geh, liebe Frau, sag du's!

FRAU VON FISCHER. Es war eine Laune von meinem lie-
20 ben Mann –

WEINBERL *(sich mehr und mehr fassend)*. Und zugleich auch eine Laune von meiner lieben Frau –

MADAME KNORR. Es is aber unerklärbar –

WEINBERL. Dass zwei Leut wie wir bei Laune sind, das is
25 gar nicht unerklärbar.

MADAME KNORR. Die Bekanntschaft muss aber doch schon viel länger –

FRAU VON FISCHER. Ach, das nicht, wir kennen uns erst sehr kurze Zeit.

30 WEINBERL. Unglaublich kurz! Die G'schicht war so über Hals und Kopf.

CHRISTOPHERL *(leise zu Weinberl)*. Jawohl is s' uns über'n Hals kommen, den Kopf aber heißt's jetzt aus der Schlinge ziehn.

MADAME KNORR. Da kann man sehen, die Ehen werden im Himmel geschlossen.

WEINBERL. Richtig bemerkt, im Himmel werden s' g'schlossen, darum erfordert dieser Stand auch meistens eine überirdische Geduld.

FRAU VON FISCHER. Sehr unrichtig bemerkt, denn du hast dich hoffentlich nicht über mich zu beklagen.

WEINBERL. O nein! –

FRAU VON FISCHER. Hab ich dir schon ein einziges Mal widersprochen?

WEINBERL. Nein, das is wahr.

FRAU VON FISCHER *(mit Beziehung)*. Suche ich nicht in deine Ideen einzugehn – selbst wenn ich keinen stichhaltigen Grund herausfinde?

WEINBERL. Das ist auch wahr! –

CHRISTOPHERL *(leise zu Weinberl)*. Das is a feine Kundschaft, fahrn wir ab!

WEINBERL *(zu Frau von Fischer)*. Weil du mir nie widersprichst, so wirst du auch nix dagegen haben, wenn ich dich jetzt bei deiner Freundin lass und meinen Geschäften nachgehe.

FRAU VON FISCHER. Oh, da würd ich sehr viel dagegen haben. Du hast für heute kein Geschäft mehr, als für unser Vergnügen zu sorgen! Zum ersten Male muss es jetzt nach meinem Willen gehen.

WEINBERL. Aber ich muss –

FRAU VON FISCHER *(imponierend)*. Für diesmal unbedingt den Befehlen der Frau gehorchen!

WEINBERL *(verblüfft)*. Ja, ja, gehorchen, sag nur, was du eigentlich schaffst?

CHRISTOPHERL *(leise zu Weinberl)*. Aber was treiben S' denn?

WEINBERL *(leise zu Christopherl)*. Ich trau mich nicht zu widersprechen.

CHRISTOPHERL *(wie zuvor)*. Zwei Minuten stellen S' jetzt ein' Eh'mann vor und sind schon Simandl, Sie haben eine großartige Anlag.

MADAME KNORR *(welche leise mit Frau von Fischer gesprochen)*. Scharmant, dort fahren wir hin, der Garten is prächtig, die Bedienung is einzig –

FRAU VON FISCHER. Mein Mann soll uns dort traktieren.

MADAME KNORR. Da hinaus eine Partie zu machen, das ist eine Idee von dir, die wirklich einen Kuss verdient, den dir dein Mann auch allsogleich –

WEINBERL *(zu Madame Knorr)*. Glauben Sie? Ja, ich bin der Mann, der niemandem sein Verdienst abstreiten will. Wenn Sie also der Meinung sind, dass sie ein' Kuss verdient –

MADAME KNORR. Ohne weiteres! *(Zu Frau von Fischer.)* Nur keine Umständ g'macht vor einer Freundin!

WEINBERL. So geh, Gemahlin! *(Küsst Frau von Fischer, welche verlegen zögert.)*

MADAME KNORR. So seh ich's gern von junge Eheleut.

WEINBERL *(für sich)*. Das is ein Götterweib. *(Zu Frau von Fischer.)* Gemahlin, wenn du recht bald wieder eine Idee hast, die einen Kuss verdient, so gib ich dir gleich ein paar à conto auf deine nächsten Ideen.

MADAME KNORR. Ein Schalerl Kaffee müssen wir aber noch trinken, eh wir ausfahren. Der Herr Cousin kann gleich um ein' Wagen gehen, und Sie *(zu Weinberl)* spazieren indessen *(nach rechts zeigend)* in mein Zimmer hinein, ich muss Ihrer Frau im Atelier draußen eine neue Form von Hauberln zeig'n, von Hauberln –! Wir werden Ihnen nicht zu lang warten lassen, Sie verliebter Gemahl, Sie. *(Geht mit Frau von Fischer und Christopherl durch die Mitte ab.)*

Achter Auftritt

Weinberl.

WEINBERL. Ich muss sagen, ich und die Meinige, wir leben sehr gut miteinand'. Es rentiert sich kurios, wenn man a verfluchter Kerl is. – Den Wagen wird wohl die Madame Knorr zahlen – ah, freilich, sie hat ja drum g'schickt. Übrigens, dass ich jetzt da so aus dem Stegreif einen Gemahl vorstell, das is a verruckte Idee! – Macht nix, ich bin ja nicht der Einzige, es gibt mehr Leut, die verruckte Ideen haben.

Lied

1

A Mann führt sein' Frau 's ganze Jahr nirgends hin,
Unterhalt't sich auf andre Art, ganz nach sein' Sinn,
Prätendiert aber, wenn er geht, soll s' freundlich sein,
Weil s' ihm sonst den Humor verdirbt im Vorhinein.
Wenn er heimkommt, soll s' lächeln, recht heiter und
mild,
Er wird Flegel, sobald sie sich unglücklich fühlt,

Sie soll höchst zufrieden sein in dieser Eh:
Das is a verruckte Idee!

2

Ein' eitle Mama hat a Tochter wie a Perl,
Der Tochter ihr Amant ist a pfiffiger Kerl.
So wie 'n Haushund der Dieb mit Savlati besticht,
Wer'n von ihm an d' Mama a paar Flatusen gericht't,
Und d' Alte is selig, die Aug'n tun ihr funkeln,
»Ach Gott«, denkt s', »ich tu meine Tochter verdunkeln,
Für mich tut sein Herz nur schlagen unterm Gilet«:
Das is a verruckte Idee!

3

»Den Herrn seh ich täglich zu Ihrer Frau gehn!« –
»Ja wissen S', das macht nix, es is ihr Cousin.« –
»In der Dämmrung, da sieht man s' oft beieinand
                    stehn!« –
»Was schad't denn die Dämmrung, 's is ja ihr Cousin!« –
»Sie tut ihm die Hand drucken und tut ihm schön.« –
»Warum soll s' ihn nit drucken, 's ja ihr Cousin!
Wär er *nit* ihr Cousin, ließ ich ihr 'n g'wiss nit in d' Näh«:
Das is a verruckte Idee!

4

's is jetzt fast Auszeichnung, wenn man sagen kann
                    dahier:
»Mein Sohn is zwölf Jahr und spielt gar nicht Klavier!«
Wer nicht ferm Doktor-Faust-Stückeln jetzt machen
                    kann,
Sondern nur Virtuos is, den hört man kaum an,

Und doch liest man »Klavierkonzert« fast alle Tag
An allen Ecken, aber im Preis geben s' dem Liszt nit viel
nach,
Drei Gulden Münz' für ein'n Sperrsitz, zwei Gulden
Entree:
Das is a verruckte Idee!

5
's hat einer ein'n kleinen Gehalt, kommt nicht draus,
Verliebt sich romantisch und rechnet sich's aus:
Als a Lediger kommt mich 's Kaffeehaus hoch,
Da kommt mich ja d' Frau etwas billiger noch!
Denn 's Kinderernähren, meint er, wird sich schon
finden.
Das Rechnungsexempel is schön g'fehlt vorn und
hinten,
A Familie und sechshundert Gulden W. W.:
Das is a verruckte Idee!
(In die Seitentüre rechts ab.)

Verwandlung

Eleganter Gartensalon in einem Gasthausetablissement
außer der Stadt. Im Prospekt ist ein großes Fenster, links eine
große Glastüre, beide nehmen beinahe den ganzen Prospekt
ein, so dass man durch selbe die Aussicht in den Garten hat,
wo man an mehreren Tischen Gäste sitzen sieht. Von außen,
ganz nahe an dem Fenster am Prospekte, sieht man einen
geschlossenen Wagen stehen, dessen Pferde in der Kulisse
angenommen werden. Im Gartensalon rechts und links ein
Tisch und Stühle, links ein Fenster.

Neunter Auftritt

Zangler. Melchior.

ZANGLER *(erzürnt in den Salon mit Melchior eintretend)*. Das also hier is der Ort? –

MELCHIOR. Wenn Euer Gnaden recht verstanden hab'n, was der Herr dem Kutscher zug'ruft hat –

ZANGLER. Ob ich ihn verstanden hab! Es war grad in dem Moment, wie er 's Wagentürl zug'schlagen hat, ich schrei: »Halt!« –

MELCHIOR. Aber man war nicht so dumm, Ihnen zu gehorchen.

ZANGLER. Ich stürz in mein Gasthaus –

MELCHIOR. Ich stürz Ihnen entgegen, und nach kurzer Erklärung stürzen wir all zwei fort, stürzen in ein' Wagen, und wenn der Wagen *auch* g'stürzt wär, wären wir noch nicht da. Jetzt denken Euer Gnaden, wenn Sie mich nicht hätten – –

ZANGLER. So wär ein anderer mit mir heraus.

MELCHIOR. Es ist ein wahres Glück, dass Euer Gnaden mich haben.

ZANGLER. Das Frauenzimmer war offenbar sie.

MELCHIOR. Und der Mann war offenbar er.

ZANGLER. Durchgehen!

MELCHIOR. Das is klassisch!

ZANGLER. Schändlich is es, aber ich will ihr zeigen –

MELCHIOR. Wenn eine Mündel so den Mündelgehorsam verletzt, wenn eine Nichte so die nichtigen Pflichten vergisst, da muss man –

ZANGLER. Da muss man nicht viel reden, sondern schaun, dass man sie kriegt.

MELCHIOR. Nur kein Aufsehen! Es is ein wahres Glück, dass Euer Gnaden mich haben.

ZANGLER. Meine Mündel will ich haben, Tölpel!

MELCHIOR. Gut, aber was täten Euer Gnaden, wenn Sie mich nicht hätten?

ZANGLER. Einen G'scheiteren tät ich schicken, dass er augenblicklich jeden Saal, jedes Salettel, jeden Salon, jede Salaterie durchsucht und mir die Überzeugung bringt, dass sie da sind.

MELCHIOR. Aber nur kein Aufsehen! Wir müssen zuerst –

ZANGLER *(den Wagen vor dem Salonfenster erblickend)*. Ha, das is der Wagen – jetzt haben wir s', sie sind da!

MELCHIOR. Das is klassisch! 's ist ein wahres Glück, dass Euer Gnaden mich haben.

ZANGLER *(ruft)*. He, Kutscher! He! *(Will ab.)*

MELCHIOR *(ihn zurückhaltend)*. Schreien Sie nit so – bleib'n Sie!

ZANGLER. Lass Er mich, oder ich schlag mein spanisches Rohr an Ihm ab!

MELCHIOR. Vermeiden Sie das Aufsehen! Sie entkommen uns ja nicht. Die Pferd nehmen hier Erfrischungen zu sich, das dauert a Weil.

ZANGLER *(ruft noch lauter)*. He, Kutscher! He!

KUTSCHER *(von außen)*. Was schaffen S'?

MELCHIOR. Na sehn S', er kommt schon, es is ein wahres Glück, dass Euer Gnaden mich –

ZANGLER *(grimmig)*. Halt Er 's Maul oder –

MELCHIOR. Kein Aufsehen! –

Zehnter Auftritt

Kutscher. Die Vorigen.

KUTSCHER *(tritt ein)*. Euer Gnad'n!

ZANGLER. Geh Er her!

5 KUTSCHER. Ich hab schon a Fuhr.

ZANGLER. Eben deine Fuhr will ich –

KUTSCHER. Sein denn Euer Gnaden a Kutscher?

ZANGLER. Er versteht mich nicht –

MELCHIOR *(zu Zangler)*. So reden S' ordentlich mit
10 ihm; ich seh schon, da hab'n Euer Gnaden kein' Begriff –

ZANGLER. Du hast einen Herrn und ein Frauenzimmer
geführt?

KUTSCHER. Ja, die sitzen im Garten.

15 ZANGLER. Und weißt du, in welcher Absicht dieser Herr
und dieses –

KUTSCHER. Was geht denn das mich an!

MELCHIOR. Wenn a Kutscher in das eingehen wollt! Ah,
da hab'n Euer Gnaden kein' Begriff –

20 ZANGLER *(zum Kutscher)*. Weißt du, Helfershelfer, dass du
kriminalistisch bist?

KUTSCHER. Lassen S' Ihnen nit auslachen!

MELCHIOR *(zu Zangler)*. Sehn S', jetzt lacht er Ihnen aus,
Euer Gnaden hab'n keinen Begriff –

25 ZANGLER *(zum Kutscher)*. Hier hat Er zehn Gulden.

MELCHIOR. Der Kutscher wird jetzt gleich ein' Begriff
krieg'n.

KUTSCHER. Euer Exzellenz!

ZANGLER *(zum Kutscher)*. Er führt diese zwei Leut, wenn

sie wieder einsteigen, nicht wohin *sie* wollen, sondern wohin *ich* Ihm sagen werde.

KUTSCHER. Wenn s' mich aber nachher verklag'n?

ZANGLER *(ihm einen Zettel gebend)*. Das is die Adress von meiner Schwägerin, da führst du sie hin, und um dir zu zeigen, dass die Sache im Wege rechtens vor sich geht, geh ich jetzt zum Wachter, der muss hint' aufstehen und Gewalt brauchen, wenn sie nicht gutwillig in das Haus wollen, wo ich sie hinbringen lass. Dem Wachter werd ich schon erklären –

MELCHIOR *(mit Beziehung auf das Trinkgeld)*. Oh, der Wachter begreift ebenso wie der Kutscher.

ZANGLER *(zum Kutscher)*. Bleib Er jetzt beim Wagen. Er muss jeden Augenblick in Bereitschaft sein.

KUTSCHER. Euer Gnaden können sich verlassen. *(Ab.)*

ZANGLER *(grimmig)*. Ich fahre dann nach, und hab ich den kecken Burschen im Haus meiner Schwägerin, dann lass ich ihn durch einen Herrn Kommissarius ohne Aufsehen –

MELCHIOR. Das is ja das, was ich immer sag: ohne Aufsehen! Sehn Euer Gnaden jetzt ein, was das für ein Glück is, dass Sie mich haben?

ZANGLER *(wie zuvor)*. Unerträglicher Kerl, ich zerreiß Ihn!

MELCHIOR. Gehn S', Sie machen schon wieder ein Aufsehn.

ZANGLER. Schad, dass ich mich ärger, denn Er is so dumm, so –

MELCHIOR. Da haben Sie gar keinen Begriff, wenn Sie sagen –

ZANGLER. Dass Er ein Stockfisch is, den ich zum Teufel jag, wie wir nach Hause kommen, das sag ich. *(Geht wütend ab.)*

Elfter Auftritt

Melchior. Dann Sonders und Marie.

MELCHIOR *(allein)*. Der wird es nie einsehn, mit dem
Mann plag ich mich umsonst. Er halt't mich partout
für einen Stockfisch, und man glaubt gar nicht, was das
is, wenn man einmal auf ein' Menschen einen Verdacht
hat. – Ich könnt mich aber doch durch was in Respekt
setzen bei ihm: wenn ich die Liebenden, die ich in
meinem Leben nicht g'sehen hab, entdecket, ihre Ge-
spräche und Pläne belauschet und so – da kommen
zwei –! *(In den Garten hinaussehend.)* Er red't in sie hinein, sie seufzt aus sich selbst heraus – das sind Liebende,
jetzt fragt's sich nur, ob es die unsrigen sind, ob's die
sind, die wir suchen? *(Zieht sich rechts gegen das Fenster
zurück.)*

SONDERS *(mit Marie zur Glastüre eintretend)*. Sei doch
nicht so ängstlich, liebe Marie!

MARIE *(trägt einen Burnus und Hut mit Schleier)*. Ach Gott,
die vielen Leut –

SONDERS. Kennen uns nicht, wir sind hier beide fremd.

MARIE. Ich glaub, jeder Mensch sieht mir's im G'sicht an –

MELCHIOR *(für sich)*. Das is klassisch.

MARIE. Und bei jedem Schritt glaub ich, der Vormund
steht vor mir.

MELCHIOR *(für sich)*. Sie hat einen Vormund, die sind's
schon!

SONDERS. Hier ist der Sammelplatz der eleganten Welt,
gerade hier sind wir sicher, so einem Spießbürger, wie er
ist, nicht zu begegnen.

MARIE. Ach, August, wozu hast du mich verleitet?! Und ich hab dir doch immer gesagt, es schickt sich nicht.

MELCHIOR *(für sich)*. Das is klassisch.

SONDERS. Mache dir deshalb keine Vorwürfe, dein Vormund ist ein Tyrann.

MELCHIOR *(für sich)*. Was? Auf die Art sind die's doch nicht. – Unserer ihr Vormund is a G'würzkramer und der ihrer is a Tyrann. Das sind Liebende, die uns gar nix angehen.

SONDERS. Er selbst hat uns gezwungen zu diesem Schritt.

MELCHIOR *(für sich)*. Die sind dazu gezwungen worden, und die unsrigen sein freiwillig fort, ja, das sind ganz andere Verhältnisse.

MARIE. Du wirst sehen, August, mir geht's im Geist vor –

SONDERS. Beruhige dich, liebes Mädchen, wir haben nichts zu befürchten.

MELCHIOR *(für sich)*. Die haben nichts zu befürchten, und die unsrigen haben sehr viel zu befürchten – wie gesagt, das sind hier ganz andere Verhältnisse.

MARIE. Dass ich aber mit dir in der Welt herumlauf, das schickt sich nicht.

MELCHIOR *(für sich)*. Das is klassisch.

SONDERS. Dafür ist gesorgt, ich erwarte hier nur die Antwort von einem Freunde, dessen Schloss zwei Stunden von hier gelegen; bei seiner Gattin findest du ein freundliches Asyl, bis ich, nach Beseitigung aller Hindernisse, dich als Gattin in die Arme meiner Tante führe.

MELCHIOR *(für sich)*. Die gehen zu einer Tant, und die unsrigen kommen von ein' Onkel – na, ja, das sind ja ganz andere Verhältnisse.

SONDERS *(Melchior bemerkend)*. Wer spricht hier?

MELCHIOR. Nein, nein, sind Sie ruhig – Ihnen tun wir nix.

SONDERS. Er hat uns behorcht!

MELCHIOR. Kein Gedanken!

SONDERS. Was will Er also hier?

5 MELCHIOR. Sie müssen wissen, sowohl Sie als das Fräulein müssen wissen, ich bin da mit mein' Herrn!

SONDERS. Was geht das uns an?

MELCHIOR. Na ja, wenn Sie *die* wären, *die* – dann ging's Ihnen wohl sehr viel an, aber wie gesagt, bei Ihnen sind

10 es ganz andere Verhältnisse. –

SONDERS. Ich glaube, Er ist betrunken.

Zwölfter Auftritt

Ein Kellner. Die Vorigen.

KELLNER. Die Schokolade ist serviert.

15 SONDERS. Wo hast du für uns gedeckt?

KELLNER. Wo Euer Gnaden früher gesessen sind, in der Laube.

SONDERS. Komm, liebe Marie!

MARIE. Ach, August, es schickt sich nicht.

20 *(Beide ab, der Kellner folgt.)*

Dreizehnter Auftritt

Melchior.

MELCHIOR *(allein).* Die sagt immer: »Es schickt sich nicht«, geht aber doch wieder in die Laube, das is klassisch! *(Ab.)*

Vierzehnter Auftritt

Madame Knorr. Frau von Fischer. Weinberl. Christopherl.
Frau von Fischer, von Weinberl, Madame Knorr, von
Christopherl geführt, treten ein; Frau von Fischer trägt Hut
und Burnus von derselben Farbe, wie Marie hatte.

FRAU VON FISCHER *(zu Weinberl)*. Ich begreife nicht,
mein Lieber, was dir eingefallen ist, dass du den Wag'n
fortfahren ließest?

MADAME KNORR. Hier bekommen wir ja wieder Wägen,
so viel wir wollen.

CHRISTOPHERL. O ja, wenn man kein Geld anschaut.

WEINBERL *(leise zu Christopherl)*. Ich werd sehr bald kein
Geld anschauen, denn ich werd gleich keins mehr haben.
(Laut zu Frau von Fischer.) Weißt du, Liebe, ich hab ge-
glaubt, es is angenehmer, wenn wir zu Fuß nach Hause
gehen.

FRAU VON FISCHER. Zu Fuß?

MADAME KNORR. Aha, im Mondenschein mit dir dahin-
schlendern und schwärmen hat er wollen.

WEINBERL. Ja, schlendern und schwärmen.

CHRISTOPHERL *(zu Madame Knorr)*. Und wir hätten auch
das Unsrige geschwärmt.

MADAME KNORR. Oh, Sie schlimmer Cousin!

WEINBERL. Ja, ja, gehen wir zu Fuß, das is so schwärme-
risch – *(beiseite)* und so billig!

FRAU VON FISCHER. Warum nicht gar, der Abend ist kühl,
willst du mich morgen krank wissen?

MADAME KNORR. In der Hinsicht soll man wohl nicht spa-
ren. Eine Krankheit kommt höher als zehn Fiaker.

WEINBERL *(für sich).* Mich kommt wieder ein Fiaker höher, als wenn s' morgen zehn Krankheiten kriegt.

FRAU VON FISCHER *(zu Weinberl).* Ohne Widerrede, wir
fahren.

MADAME KNORR *(zu Frau von Fischer).* War das aber ein
guter Rat von mir, dass ich g'sagt hab, du sollst um den
Mantel nach Haus schicken.

FRAU VON FISCHER. Jawohl, aber hier will ich doch ablegen. *(Geht zu einem am Fenster stehenden Stuhl und
legt den Burnus ab, wobei ihr Madame Knorr behilflich
ist.)*

WEINBERL *(im Vordergrund zu Christopherl).* Christoph,
Sie haben doch etwas Geld bei sich?

CHRISTOPHERL. Nein, gar keins.

WEINBERL. Sie sind ein – auf Ehr, wenn Sie nicht schon
Kommis wären, jetzt beutlet ich Ihnen, dass –

CHRISTOPHERL. Und wenn S' mich noch so beuteln, so
fallt kein Kreuzer heraus! Ich hab mich auf Ihnen verlassen, wie viel haben S' denn?

WEINBERL. Ich hab mir von z' Haus zehn Gulden mit-
g'nommen.

CHRISTOPHERL. Und mit zehn Gulden hab'n Sie wollen
ein verfluchter Kerl sein?

WEINBERL. Hab ich das ahnen können, wie ich in der Fruh
so ledig aus'gangen bin, dass ich gegen Abend a Frau
hab? Sonst sagt man: 's Unglück kommt über Nacht, mir
is es über Mittag kommen! – Und dass ich alles zahlen
muss, hab ich mir auch nicht denkt – jetzt hab ich grad
noch zwei Gulden.

CHRISTOPHERL. Und jetzt brauchen wir a Jausen auf vier
Person', Wagen nach Haus und unser Ruckreis –

WEINBERL. Da schaut offenbar a Krida heraus.

FRAU VON FISCHER *(mit Madame Knorr vorkommend)*. Nun, lieber Mann, du vergisst ja, den Kellner zu rufen?

WEINBERL. Nein, ich hab grad drauf denkt. – *(Zögernd.)* Du glaubst also wirklich, dass wir hier jausnen sollen?

FRAU VON FISCHER. Was sonst?

WEINBERL *(verlegen)*. Nein, nein, sonst nix – *(Beiseite.)* Mir is das z' viel!

FRAU VON FISCHER. So rufe doch –

WEINBERL *(mit unsicherer Stimme)*. He, Kellner!

FRAU VON FISCHER. So wird dich niemand hören.

WEINBERL. Ich hab so was Erschöpftes in mir – gar nicht das rechte Organ, ein' Kellner zu rufen. *(Ruft wie früher.)* He, Kellner!

CHRISTOPHERL *(laut)*. Kellner!

FRAU VON FISCHER *(zu Madame Knorr)*. Mein Mann macht sich öfters den Spaß, den Knickrigen zu spielen, die Jause soll dich vom Gegenteil überzeugen. *(Für sich.)* Ich glaube, der Mensch wollte mich zum Besten halten, das soll er mir büßen.

Fünfzehnter Auftritt

Kellner. Die Vorigen.

KELLNER. Was schaffen Euer Gnaden?

WEINBERL. Sie sind der Kellner? Haben Sie die Gewogenheit, nehmen Sie es nicht ungütig, dass wir Sie hieher bemühen –

KELLNER. Euer Gnaden scherzen –

WEINBERL. O nein, warum soll ich Ihnen nicht mit Achtung behandeln –

CHRISTOPHERL *(leise zu Weinberl).* Was treiben S' denn?

KELLNER *(zu Weinberl).* Bitte, Euer Gnaden, so zart geht kein Gast mit ein' Kellner um.

WEINBERL. Oh, ich bitte –! *(Leise zu Christopherl.)* Jetzt hab ich doch Hoffnung, dass er mit mir auch zart umgehen wird, wenn es zum Äußersten kommt.

FRAU VON FISCHER *(welche indes mit Madame Knorr gesprochen).* Nun, was ist denn angeschafft worden?

KELLNER. Bis jetzt noch nichts.

WEINBERL. Wir deliberieren grad, ich glaube, zwei Schalen Kaffee –

FRAU VON FISCHER. Kaffee haben wir ja schon bei meiner Freundin getrunken. Du musst eine Jause bestellen, die gleich als Souper dienen kann.

WEINBERL. Aha –! *(Zum Kellner.)* So bringen Sie uns Butter und Rettig und drei Seitel Bier, zwei für uns und eins für die Damen. *(Für sich.)* Das kommt billig.

FRAU VON FISCHER. Was wär das? Du willst uns so ordinär –?

MADAME KNORR. Ich trinke nie Bier –

WEINBERL *(zum Kellner).* Also nur für uns Bier, für die Damen Wasser. *(Für sich.)* Das is noch billiger.

FRAU VON FISCHER. Aber, Mann!?

MADAME KNORR. Ich darf nicht kalt soupiern.

WEINBERL. Also was Warmes? *(Zum Kellner.)* Haben Sie kein Beuschl?

CHRISTOPHERL. Oder ein halbes Gulasch?

KELLNER. Das möcht ich nicht raten, es ist schlecht.

WEINBERL *(für sich)*. Das wär eigentlich gut, da esseten s' nicht viel. –

FRAU VON FISCHER *(ernst zu Weinberl)*. Mann, jetzt sag ich dir zum letzten Mal –

WEINBERL *(mit Resignation zum Kellner)*. Also bringen Sie zwei Schnitzel, für uns Bier und für die Damen ein Seitel Achter. *(Für sich.)* Die zwei Gulden sind überschritten – die Krida geht an.

FRAU VON FISCHER *(zu Madame Knorr)*. Heut hat mein Mann wieder seinen närrischen Tag. *(Zu Weinberl.)* Herr Gemahl, jetzt hab ich's satt!

WEINBERL *(für sich)*. Das wär ein Glück –

FRAU VON FISCHER. So schafft man nicht an, wenn man Damen ausführt. Kellner, Sie bestellen uns ein' Fasan –

KELLNER. Den Augenblick kommt einer vom Spieß.

FRAU VON FISCHER. Dazu Kompott, dann Torte und sonstiges Dessert, zuerst Rheinwein, am Schluss Champagner.

KELLNER. Sehr wohl, Euer Gnaden. *(Ruft, indem er abgeht.)* Anton, vier Gedeck im Salon. *(Ab.)*

Sechzehnter Auftritt

Die Vorigen ohne Kellner.

FRAU VON FISCHER *(zu Madame Knorr)*. Nun, hab ich deinen Gusto getroffen?

MADAME KNORR. 's ist aber zu viel.

CHRISTOPHERL *(zu Weinberl)*. Wie g'schieht Ihnen denn?

WEINBERL. Mir g'schieht gar nicht mehr, ich bin stumpf.

CHRISTOPHERL. Und ich bin scharf aufs Abfahrn bedacht.

WEINBERL *(von dieser Idee ergriffen)*. Abfahren? – Sie haben recht, Krida ist da, also verschwinden – das kommt im Merkantilischen häufig vor!

5 CHRISTOPHERL. Der Kellner soll sich dann mit der Zech an die Frauen halten.

WEINBERL. Recht so, wir lassen alles auf die Frauen schreiben, das is wieder merkantilisch.

CHRISTOPHERL. Warum stürzen s' uns so in Depensen,
10 diese Weiber!

WEINBERL. Das sind ja Verschwenderinnen, reine Gourmaninnen.

CHRISTOPHERL. Aber nur kein Verlegenheit g'spürn lassen und Cour gemacht aus Leibeskräften!

15 *(Zweiter Kellner kommt und deckt den Tisch rechts, rückt ihn aber vorher etwas gegen die Mitte der Bühne.)*

WEINBERL *(zu Frau von Fischer)*. Du glaubst nicht, meine Liebe, wie wohl mir jetzt ist, es ist ein Vorgefühl in mir –

MADAME KNORR. Dass Sie noch viele solche frohe Tage an
20 der Seite Ihrer Frau – das nenn ich eine Lieb –

CHRISTOPHERL *(zärtlich zu Madame Knorr)*. Können Sie bei diesem Anblick gefühllos bleiben?

MADAME KNORR. Junger Mensch, ich hab Ihnen schon gesagt, dass ich eine Braut bin, ich lebe nur für diesen einen
25 Mann.

CHRISTOPHERL. Dass Sie für einen Mann leben, gibt Ihnen das das Recht, einen Jüngling zu töten?

MADAME KNORR. Hören Sie auf, Sie sind ein schlimmer Cousin!

Siebzehnter Auftritt

Kellner. Die Vorigen. Dann Melchior.

KELLNER *(Fasan und Rheinwein bringend)*. Wenn es Euer
  Gnaden gefällig ist. *(Stellt alles auf den Tisch.)*
FRAU VON FISCHER. O ja! *(Zu Madame Knorr.)* Komm, 5
  liebe Freundin!
WEINBERL *(zum Kellner)*. Sie können auch einen wälli-
  schen Salat bringen.
CHRISTOPHERL. Überhaupt, was gut und teuer ist –
WEINBERL. Uns is das egal, was es kost't, Sie werden sehn, 10
  wir binden uns an keinen Preis. *(Für sich.)* Wart't's,
  Gourmaninnen!
KELLNER. Sehr wohl, Euer Gnaden! *(Geht ab.)*
MELCHIOR *(tritt mit dem zweiten Kellner, welcher ein Ge-
  deck trägt, ein)*. Was is denn das? Ich will da für mein' 15
  Herrn aufdecken lassen und jetzt setzen sich andere
  herein –
WEINBERL. Ich glaub, an einem öffentlichen Ort hat jeder
  das Recht –
MELCHIOR. Ah, das is indiskret! 20
ZWEITER KELLNER. In dem Salon hab'n ja zwanzig Per-
  sonen Platz.
MELCHIOR. Mein Herr will aber allein sein.
CHRISTOPHERL. Dann soll er an keinen öffentlichen Ort
  gehn. 25
MELCHIOR. Ah, das is indiskret! Sie können sich ja hinaus
  in den Garten setzen.
FRAU VON FISCHER. Das kann Sein Herr auch tun.
MELCHIOR. Mein Herr muss von hier aus jemand beobach-

ten, und mit einem Wort, mein Herr wird sich nicht wegen Ihnen vieren genieren.

WEINBERL. Und wir viere werden uns noch weniger wegen Sein' Herrn genieren.

5 MELCHIOR. Ah, das is aber indiskret. Da muss mein Herr sitzen wegen der Aussicht auf die Tür. – *(Rückt den Tisch, welchen der Kellner deckte, von links gegen die Mitte ziemlich nahe an den Tisch der Gesellschaft.)*

MADAME KNORR. Das gilt uns gleich.

10 MELCHIOR. Wenn der dumme Salon nur in der Mitte eine Abteilung hätt –

WEINBERL. Na ja, Sein Herr soll halt gleich eine Mauer aufführen lassen, wenn er wo einkehrt.

ZWEITER KELLNER. Man könnte allenfalls – es zieht 15 manchmal den Gästen zu stark, da wird dann *(auf die zwischen Fenster und Türe lehnende zusammengelegte spanische Wand zeigend)* – die spanische Wand gebraucht. Wenn man die in der Mitte aufstellt, so wäre ja die gewünschte Absonderung geschehn.

20 FRAU VON FISCHER. Machen Sie das, wie Sie wollen! *(Zu Madame Knorr.)* Legen wir unsere Hüte ab und setzen wir uns! *(Geht mit Madame Knorr zu einem Stuhl rechts, wo sie während des Folgenden ihre Hüte ablegen.)*

CHRISTOPHERL *(zu Weinberl)*. Das sieht kurios aus, das 25 können wir uns vor den Frauen nicht antun lassen.

WEINBERL *(zu Melchior, welcher die spanische Wand aufstellen will)*. Wenn Er mit der spanischen Wand nicht weitergeht, so werf ich Ihn an die wirkliche! –

MELCHIOR. Ah, das is klassisch!

30 WEINBERL. Wir werden uns da wie die wilden Tier in einer Menagerie absperren lassen!

MELCHIOR. Na, warten S', das sag ich meinem Herrn!

CHRISTOPHERL. Was kümmert uns Sein Herr?

WEINBERL. Er soll nur kommen, wir werden ihm zeigen –

MELCHIOR. Da kommt er grad die Allee herauf. *(Drohend zu Weinberl und Christopherl.)* Warten S'! 5

WEINBERL *(hinsehend und heftig erschreckend).* Kontinent, tu dich auf! –

CHRISTOPHERL *(der ebenfalls hingesehen).* Auweh! – und verschling uns! –

WEINBERL *und* CHRISTOPHERL *(zugleich).* Der Prinzipal! 10

WEINBERL *(zu Melchior).* Lieber Freund, Sie haben erst recht mit der spanischen Wand –

CHRISTOPHERL. Ja, 's is besser, stell'n wir s' auf.

WEINBERL. Aber nur g'schwind, Kellner, helfen S'! *(Der Kellner, Christopherl, Weinberl und Melchior stellen* 15 *mit vieler Eile, wobei einer dem andern hinderlich ist, die Wand auf.)*

MELCHIOR. Jetzt sehen Sie's ein und eher haben S' so G'schichten – nein, wie Sie indiskret sein!

MADAME KNORR *(zu Frau von Fischer).* Aber schau nur 20 her, was sie da für Umständ machen!

WEINBERL *(zu den Frauen).* Es ist, wissen Sie – es zieht hier so stark nach der Luft –

FRAU VON FISCHER. Ich spüre nichts.

MADAME KNORR. Wir sind ja nicht rheumatisch. 25

WEINBERL *(zu Christopherl).* Aber uns reißt's ungeheuer.

CHRISTOPHERL. Setzen wir uns!

(Alle vier setzen sich zu Tisch, die spanische Wand ist aufgestellt und teilt die Bühne in der Mitte ab. Der Tisch der Gesellschaft und der für Zangler bestimmte Tisch 30 *sind ziemlich nahe und nur durch die Wand getrennt.)*

Achtzehnter Auftritt

Zangler. Die Vorigen.

ZANGLER *(eintretend).* Alles in Ordnung! Melchior!

MELCHIOR. Euer Gnad'n?

5 ZANGLER. Der Wachter steht schon draußen auf der Pass.
Wie meine Mündel mit ihrem Entführer in Wagen
steigt, steigt der Kutscher auf den Bock und der Wachter
hint' auf.

MELCHIOR. Das ist klassisch!

10 MADAME KNORR. Sehr ein gutes Kompott!

WEINBERL *(mit gedämpfter Stimme).* Ich werd den Fasan
tranchieren.

CHRISTOPHERL *(ebenfalls mit gedämpfter Stimme).* Und
ich werd schaun, ob der wällische Salat noch nicht bald

15 kommt. –

MADAME KNORR. Ach ja!

ZANGLER. Was is denn das mit der spanischen Wand?

MELCHIOR. Da darneben sind indiskrete Leut, zwei Weibsbilder mit ihre Liebhaber, damit Euer Gnaden nicht ge-

20 niert sind.

ZANGLER. Gut!
*(Zweiter Kellner bringt Wein und Aufgeschnittenes, stellt
es auf den Tisch. Zangler setzt sich.)*

MELCHIOR *(mit dem Finger darauf zeigend).* Das hab ich

25 für Euer Gnaden ang'schafft.

ZANGLER. Gut!

MELCHIOR. Gott, was wären Euer Gnaden ohne mich!

ZANGLER. Die Zeitung! *(Für sich.)* Wer weiß, wie lang das
noch dauert. –

(Kellner bringt Zangler die Zeitung und geht ab.)

MELCHIOR. Ich werd patrouillieren. *(Geht in den Garten hinaus.)*

FRAU VON FISCHER. Der Fasan scheint sehr gut zu sein. –

WEINBERL *(mit gedämpfter Stimme)*. Die Zähigkeit abgerechnet, delikat –

MADAME KNORR. Kommt der Kellner noch nicht?

CHRISTOPHERL *(mit gedämpfter Stimme)*. Nein, das ist ein langsamer Kerl.

MADAME KNORR. Warum reden denn die Herren so still, so heiser?

WEINBERL *(wie oben)*. Die Zugluft hat das gemacht.

CHRISTOPHERL *(wie oben)*. Es is ein wahres Glück, dass die Wand aufg'stellt is.

WEINBERL *(wie oben)*. Ja, sonst hätt's uns die Sprach gänzlich verschlagen.

MADAME KNORR. Nein, wie die Herren jetzt heiklich sind –

MELCHIOR *(hereinlaufend)*. Euer Gnad'n! Euer Gnad'n!

ZANGLER. Was ist's? –

MELCHIOR. Ich seh noch nichts –

ZANGLER. Dummkopf!

MELCHIOR. Früher waren zwei da herin, das waren aber andere.

ZANGLER. Die ich such, sitzen draußen, ich hab sie von weitem gesehn. Geh hinaus, stell dich in einige Entfernung vom Wagen, und wie sie fortfahren, sagst du mir's, wir fahren dann gleich nach. –

MELCHIOR. Das wird klassisch! *(Geht ab in den Garten.)*

CHRISTOPHERL *(hat während der letzten Reden schnell den Burnus der Frau von Fischer umgenommen und ihren*

Hut aufgesetzt). So kann ich neben unserm Alten vorbei-
passiern.

FRAU VON FISCHER *(zu Weinberl).* Du schenkst ja unserer
Freundin gar nichts ein?

WEINBERL *(welcher bemerkt hat, wie Christopherl sich an-
kleidet, zu Frau von Fischer).* Aber, Liebe, ich kann ja
nicht transchieren und einschenken zugleich.
*(Christopherl hat den hintern Teil der spanischen Wand
geöffnet und schlüpft so in die andere Hälfte der Bühne
hinüber, wo Zangler sitzt, welcher, in die Zeitung vertieft,
ihn nicht bemerkt.)*

ZANGLER *(in der Zeitung lesend).* »Verwegener Kleider-
diebstahl durch einen jungen Burschen.« *(Spricht.)* Nein,
was man jetzt alles liest, die Halunken werden immer
pfiffiger.
*(Christopherl hat sich an der Rückwand zur Glastüre hin
in den Garten hinausgeschlichen.)*

MADAME KNORR. Wo ist denn der Cousin hin'kommen?

WEINBERL *(Madame Knorr den Fasan offerierend).* Bitte
sich zu bedienen! *(Lässt, indem er nach dem Fenster sieht,
eine Gabel von der Schüssel und auf das Kleid der Frau
von Fischer fallen.)*

FRAU VON FISCHER. Himmel! Mein neues Kleid!

WEINBERL. Pardon! Es wird nichts machen als einen fet-
ten Fleck.

FRAU VON FISCHER. Der nie mehr herausgeht.

MADAME KNORR. Nur gleich mit der Serviett reiben. *(Ist
Frau von Fischer dabei behilflich.)*
*(Christopherl steigt außerhalb dem Glasfenster in
Sonders' Wagen.)*

WEINBERL *(dies bemerkend, steht auf und sagt für sich, in-*

dem er sich dem Fenster nähert). Der steigt in den Wagen, das is ein g'scheiter Einfall, der Kutscher muss uns fahren bis aufs Feld hinaus, dann geb ich ihm einen Gulden und lass ihn umkehren. – Wie komm ich aber hinaus? Dort der Prinzipal, da die Frauen – Gott sei Dank, der Fleck is so fett, dass die mich nicht bemerken.

FRAU VON FISCHER. Das geht nie mehr aus. –

WEINBERL *(einen raschen Entschluss fassend).* Aber was anders geht aus! – *(Steigt zum Fenster hinaus.)*

MADAME KNORR *(Weinberl bemerkend).* Freundin, da schau her, was dein Mann –

FRAU VON FISCHER *(betroffen).* Er ist aus dem Fenster gestiegen!?

MADAME KNORR. Und steigt in den Wagen ein. *(Man sieht Weinberl in den Wagen steigen.)*

FRAU VON FISCHER *(will hinausrufen).* Mein Herr –! *(Man sieht den Wächter in Uniform hinten auf den Wagen steigen.)*

MADAME KNORR. Was is das, der Ortswächter –!? Er stellt sich hinten auf –

FRAU VON FISCHER. Eine Arretierung –! *(Man hört schnalzen, der Wagen fährt ab.)*

MADAME KNORR. Fort ist er! *(Beide Frauen bleiben erschrocken an ihren Stühlen stehen, indem sie starr dem abgefahrenen Wagen nachblicken.)*

MELCHIOR *(zur Glastür eintretend).* Das is klassisch! Wir haben s' schon, der Kutscher und der Wachter lassen s' nimmer aus.

ZANGLER. Wir fahren gleich nach. Kellner, zahlen!

Neunzehnter Auftritt

Sonders. Marie. Die Vorigen.

SONDERS *(mit Marie zur Glastüre hereintretend, ohne Zangler zu bemerken).* Kellner, zahlen! Wo stecken denn die
5 Schlingel?
ZANGLER *(springt wütend auf).* Höllen-Element! Da sind
s'!
MARIE. Ach, der Vormund! –
(Wankt und sinkt Sonders in die Arme.) } *zugleich*
10 SONDERS. Verdammt!
MADAME KNORR *(über Zanglers Ausruf
betroffen).* Was für eine Stimm!? – } *zugleich*
FRAU VON FISCHER *(über den daneben entstan-
denen Lärm erschrocken).* Was geht da vor!? –
15 MELCHIOR *(zu Zangler).* Das sind ja die andern! –
ZANGLER. Meine Mündel! – Der Teufel soll – *(Will vorstür-
zen, schiebt den Stuhl wütend zurück, so dass die spanische Wand umfällt. Die beiden Frauen springen, laut
schreiend, auf die Seite.)*
20 ZANGLER *(indem er hinübersieht, äußerst erstaunt, als er
Madame Knorr erkennt).* Meine Braut!?
MADAME KNORR *(erschrocken und verlegen).* Zangler –
MELCHIOR *(verblüfft).* Seine Braut – seine Mündel – das
die Mündel, das die Braut – das is klassisch!
25 *(Die zwei Kellner sind hereingekommen. Allgemeine
Gruppe des Erstaunens und der Verwirrung, die im Garten
sitzenden Gäste haben sich lachend dem Eingang des
Salons genähert – im Orchester fällt passende Musik ein.)*
Der Vorhang fällt.

Dritter Aufzug

Elegantes Zimmer im Hause des Fräuleins von Blumenblatt
mit zwei Mitteltüren, rechts und links eine Seitentüre.
Es ist Abend, Lichter stehen auf dem Tisch.

Erster Auftritt

Lisette. Sonders.

SONDERS. Es war also ein guter Genius, der mir den Gedanken zuflüsterte, ganz unbekannterweise das Stubenmädchen des alten Fräuleins zur Vertrauten zu
wählen. Nimm einstweilen diese Börse, mehr noch wird
folgen.

LISETTE. Sehr verbunden! Übrigens hätte ich auch aus gu-
tem Herzen zwei Liebende in meine Provision genommen, denn wenn es herzlose Väter, Mütter, Tanten, sogar herzlose Liebhaber in Menge gibt, von herzlosen Stu-
benmädln, glaub ich, kommt kein Beispiel vor.

SONDERS. Wenn nur deine Gebieterin –

LISETTE. Hoffen Sie das Beste! Sie ist durchaus nicht das,
was man sich gewöhnlich unter dem Ausdruck »alte
Jungfer« vorstellt. Wo ist aber jetzt Ihre Geliebte?

SONDERS. In den Krallen ihres Vormunds, der sie mir auf
eine impertinente Weise entrissen und sie vielleicht
heute noch hieher bringen wird. – Doch nein, selbst
bringen wird er sie kaum, der alte Narr ist, wie ich gese-
hen, in eine grimmige Eifersuchtsgeschichte mit seiner
Braut verwickelt, hat geschworen, ihr nie mehr von der

Seite zu gehen. Darum vermut ich, er wird sein Mündel bloß in sicherer Begleitung euch übersenden.

LISETTE. Sei dem, wie ihm wolle, entfernen Sie sich nicht weit vom Hause und überlegen Sie, auf welche Weise Sie sich, wenn Ihre Marie einmal hier ist, bei meiner Gebieterin introduzieren wollen.

SONDERS. Ich werde mich sogleich in ein Hotel in der Nähe einlogieren und von dort aus die nötigen Erkundigungen einziehn.

LISETTE *(nach der Türe rechts horchend)*. Ich glaube – ja, ja, meine Gebieterin kommt – gehen Sie jetzt!

SONDERS. Auf baldiges Wiedersehn, du liebes, dienstfertiges Wesen! *(Zur Mitte links ab.)*

Zweiter Auftritt

Fräulein von Blumenblatt. Lisette.

FRÄULEIN VON BLUMENBLATT *(aus der Seitentüre rechts kommend)*. Wer war denn hier, Lisette?

LISETTE. Niemand, Euer Gnaden.

FRÄULEIN VON BLUMENBLATT *(Tabak schnupfend)*. Niemand? Und ich hätte darauf geschworen, es war jemand. Wie doch unser ganzes Leben aus Täuschungen besteht! So glaubte ich auch nach dem gestrigen Brief meines Schwagers, das Mädchen würde sicher heute ankommen, ich freute mich, das liebe Kind nach zehn Jahren wiederzusehen – Täuschung, nichts als Täuschung. *(Schnupft.)*

LISETTE. Nun, es ist ja noch nicht so spät, wer weiß –

FRÄULEIN VON BLUMENBLATT. Die Arme! Mein Schwager Zangler irrt sich, wenn er glaubt, ich werde sie mit Strenge behandeln. Sie hat ja ganz mein Schicksal: ihr Herz ist schwach, ihre Liebe stark, die Hoffnung klein, die Hindernisse groß – ganz mein Schicksal! *(Schnupft.)* 5

LISETTE. Bei Ihrer Liebe, Euer Gnaden, war es aber doch ganz anders.

FRÄULEIN VON BLUMENBLATT. Weshalb schickt man sie? Aus keinem andern Grunde, als dass sie ferne vom Gegenstand ihrer Neigung schmachten soll. Ist das nicht 10 ganz mein Schicksal? *(Schnupft.)*

LISETTE. Bei Ihnen, Euer Gnaden, ist ja, wie Sie mir erzählt, der Gegenstand Ihrer Neigung von Ihnen geflohn.

FRÄULEIN VON BLUMENBLATT. Das ist wahr, aber es kam doch auf eins hinaus, wir waren getrennt, und drum will 15 ich das Mädchen sanft und mit Nachsicht behandeln, wenn auch, wie in dem Briefe steht, ihr Liebhaber sie mit dem obstinatesten Eifer verfolgt, denn das erinnert mich ja wieder an mein Schicksal. *(Schnupft.)*

LISETTE. Der Liebhaber von Ihnen, Euer Gnaden, scheint 20 aber sehr eifrig gerade die entgegengesetzte Richtung verfolgt zu haben.

FRÄULEIN VON BLUMENBLATT. Wenn auch, Verfolgung war es doch! – Wie gesagt, ganz mein Schicksal. *(Schnupft.)* 25

LISETTE. Euer Gnaden, ich glaube – ich höre Leute im Vorzimmer – am Ende bringt man sie.

FRÄULEIN VON BLUMENBLATT. Sieh doch nach!
(Lisette will zur Mitteltüre links.)

Dritter Auftritt

Weinberl. Christopherl. Kutscher. Wachter. Die Vorigen.
Christopherl hat von Frau von Fischer den Burnus um und
den Hut auf dem Kopfe.

WACHTER *(von außen)*. Nur keine Umständ, ich weiß
schon, was ich zu tun hab! *(Öffnet die Türe und lässt*
Weinberl und Christopherl vor sich eintreten.)

WEINBERL. Aber erlauben Sie –

WACHTER. Hier hat niemand was zu erlauben!

FRÄULEIN VON BLUMENBLATT. Ausgenommen ich, drum
frag ich, was der Herr sich hier erlaubt?

WACHTER. Da sind zwei Leut, die müssen dableiben.

KUTSCHER. Bald hätten wir nicht herg'funden! Was wir
umg'fahrn sein!

FRÄULEIN VON BLUMENBLATT. Mit Wache und in männlicher Begleitung – das kann doch nicht – Freund, das ist
offenbar ein Irrtum in der Wohnung.

WEINBERL. Ich sag, es is auch ein Irrtum in die Personen.

CHRISTOPHERL. Ich will den Herrn Wachter nicht beleidi-
gen, aber es scheint hier ein Rausch im Spiel zu sein.

WEINBERL. Gewiss, man hält uns für ein Menschenpaar,
welches wir nicht sind.

WACHTER *(zu Weinberl)*. Das wird sich zeigen, in dem
Briefe steht alles drin. *(Gibt Fräulein von Blumenblatt ei-*
nen Brief.)

FRÄULEIN VON BLUMENBLATT. Ein Brief – *(die Adresse*
besehend) an mich –? *(Erbricht den Brief und sieht nach*
der Unterschrift.) Von meinem Schwager –? *(Liest still.)*

CHRISTOPHERL. Na, also, jetzt wird sich alles aufklären.

WEINBERL. Man wird uns freien Abzug bewilligen.

CHRISTOPHERL. Auf d' Letzt krieg'n wir noch eine Entschädigung, dass wir nach Haus fahren können.

WEINBERL. Die klettenartige Anhänglichkeit der Damen, die Größe der Zech, die Nähe des Prinzipals, das waren Gefahren! Das hier is eine Kinderei, das hab ich ja gleich g'sagt, ein wachterischer Balawatsch. *(Zum Wachter.)* Freund, Sie haben uns mit Bedeckung hieher gebracht und sich selbst eine bedeutende Blöße gegeben.

KUTSCHER *(zum Wachter)*. Wann das nicht der rechte Ort is, wo krieg ich dann meine fünf Gulden?

FRÄULEIN VON BLUMENBLATT *(nachdem sie gelesen)*. Ah, jetzt bin ich im Klaren.

WEINBERL. Na also –

KUTSCHER *(zu Fräulein von Blumenblatt)*. Euer Gnaden, ich soll fünf Gulden kriegen.

FRÄULEIN VON BLUMENBLATT. Lisette, bezahle den Mann!

KUTSCHER *(zum Wachter)*. Jetzt is es halt doch der rechte Ort! *(Mit Lisetten links ab.)*

WEINBERL *(zu Fräulein von Blumenblatt)*. Nehmen's Euer Gnaden nicht ungütig.

CHRISTOPHERL. Wir können nix davor. *(Wollen beide ab.)*

WACHTER *(ihnen entgegentretend)*. Halt!

FRÄULEIN VON BLUMENBLATT *(zu Christopherl und Weinberl)*. Sie bleiben, beide!

WEINBERL *(erstaunt)*. Was –?!

FRÄULEIN VON BLUMENBLATT *(zu Weinberl)*. Sie, mein Herr, sind eigentlich der Schuldige, doch auch das Mädchen *(auf Christopherl zeigend)* ist nicht minder strafbar.

CHRISTOPHERL *(verblüfft zu Weinberl).* Ich bin ein strafbares Mädchen?!

WEINBERL *(verblüfft zu Christopherl).* Und ich ein schuldiger Herr?

5 FRÄULEIN VON BLUMENBLATT *(zum Wachter).* Für das Mädchen steh ich –

WACHTER. Und für den Herrn steh ich Schildwacht vor der Haustür auf der Stiegen draußt. *(Im Abgehen zu Weinberl.)* Gibt sich so leicht keine Blöße, der Wachter! *(Geht*
10 *zur Mitteltüre links ab.)*

Vierter Auftritt

Fräulein von Blumenblatt. Weinberl. Christopherl.

CHRISTOPHERL. Euer Gnaden!

WEINBERL. Wollen Euer Gnaden nicht die Gewogenheit
15 haben –

CHRISTOPHERL. Uns mitzuteilen –

WEINBERL. Was eigentlich in dem Briefe steht.

FRÄULEIN VON BLUMENBLATT. Das können Sie sich wohl denken, was ein Onkel schreibt, dem man die Nichte
20 entführt.

WEINBERL. Ja, warum hat der Mann nicht besser acht'geben, aber ich seh nicht ein, warum wir –

CHRISTOPHERL. So ein alter Schliffl ist halt meistens sekkant, bis es einem Mädl z' viel wird.

25 FRÄULEIN VON BLUMENBLATT. Mamsell, in welchem Tone sprechen Sie von Ihrem Onkel? Nachdem Sie sein Haus auf eine Weise verließen –

CHRISTOPHERL. Ja so, ich bin also die Nichte, die durch'-
gangen is?

WEINBERL. Und ich bin der, der dieses Frauenzimmer *(auf
Christopherl deutend)* auf Abwege gebracht hat?

FRÄULEIN VON BLUMENBLATT. Wollen Sie mich mit
dieser Frage zum Besten halten?

WEINBERL. Kein Gedanke, aber wir sind einmal hier in
einer Art Gefangenschaft, und da möcht man halt doch
gern wissen, warum. *(Leise zu Christopherl.)* Soll'n wir
ihr sagen, wer wir sind?

CHRISTOPHERL *(leise zu Weinberl)*. Das wär riskiert, der
Teufel könnt sein Spiel hab'n, dass der Prinzipal durch
die dritte Hand was erfahret. *(Laut zu Fräulein von
Blumenblatt.)* Der Onkel wird wohl nicht lang ausblei-
ben?

FRÄULEIN VON BLUMENBLATT. Er soll jeden Augenblick
hier sein.

WEINBERL *(leise zu Christopherl)*. So lang können wir warten.

CHRISTOPHERL *(leise zu Weinberl)*. Da kommt dann die
Konfusion von selbst ins Reine.

WEINBERL *(zu Christopherl)*. Freilich, wie dieser Onkel
uns sieht, hat die G'schicht ein End.

FRÄULEIN VON BLUMENBLATT *(welche die letzten Worte
gehört hat)*. Und ich sag Ihnen: nein, sie soll kein Ende
haben! Ich kann ja nicht grausam sein, wenn ich Liebende sehe, das Bündnis Ihrer Herzen soll nicht zerrissen
werden! *(Schnupft.)*

WEINBERL. Es kann eigentlich nichts zerreißen, weil –

FRÄULEIN VON BLUMENBLATT. Weil ich, obschon Ihr
hartnäckiges Leugnen meine Güte nicht verdient, alles

vermitteln und den Zorn meines Schwagers besänftigen
will.

WEINBERL. Also haben Sie einen Schwager, der zornig
is?

5 FRÄULEIN VON BLUMENBLATT. Wie können Sie fragen?
Doch fassen Sie Mut, junger Mann!

WEINBERL. Wenn Sie erlauben –

FRÄULEIN VON BLUMENBLATT. Hoffen Sie, liebes Mädchen!

10 CHRISTOPHERL. Was soll ich denn eigentlich hoffen?

FRÄULEIN VON BLUMENBLATT. Das Beste! Ihr seid
Flüchtlinge, euer Schicksal rührt mich, denn es ist ja ganz
wie mein Schicksal. *(Schnupft.)* Auch ich hab einst ge-
liebt.

15 CHRISTOPHERL. Das kann ich mir denken.

FRÄULEIN VON BLUMENBLATT. Und der Mann, der mich
liebte –

WEINBERL *(beiseite)*. Das kann ich mir nicht denken.

FRÄULEIN VON BLUMENBLATT. War auch fürs Entfliehen
20 eingenommen wie Sie, nur mit dem Unterschied, dass er
allein geflohen ist. *(Schnupft.)*

WEINBERL *(für sich)*. Ah, jetzt kann ich mir's denken.

FRÄULEIN VON BLUMENBLATT. Flucht war es einmal, das
ist gewiss. Und wie gesagt, ich will nicht ruhen, bis ich so
25 mit euch *(nimmt beider Hände)* vor den versöhnten
Oheim hintreten, eure Hände ineinanderfügen *(tut es)*
und ein glückliches Paar segnen kann. *(Macht eine seg-
nende Attitüde.)*

WEINBERL. Christopherl!

30 *(Christopherl kichert laut.)*

FRÄULEIN VON BLUMENBLATT *(zu Weinberl)*. Was für

ein Scherz? Wie können Sie in einem so ernsten Augenblick zu Ihrer Braut Christopherl sagen?
(Christopherl platzt in lautes Gelächter aus.)
FRÄULEIN VON BLUMENBLATT *(sehr ernst zu Christopherl)*. Lachen Sie nicht, Mamsell! 5

Fünfter Auftritt

Lisette. Melchior. Die Vorigen.

LISETTE *(mit Melchior zur Mitteltüre links eintretend)*. Euer
Gnaden, der Mensch lässt sich nicht abweisen. *(Zu Mel-
chior, auf ihre Gebieterin zeigend.)* Hier ist das gnädige 10
Fräulein. *(Geht zur Mitteltüre links ab.)*
MELCHIOR. Das is ein Fräule? Das is klassisch.
FRÄULEIN VON BLUMENBLATT. Was will Er?
MELCHIOR. Mein Herr schickt mich her, ich soll der Euer-
gnadenfräul'n sag'n – 15
WEINBERL *(sich der Person Melchiors besinnend)*. Christo-
pherl, das is ja –
MELCHIOR *(Weinberl und Christopherl betrachtend)*. Sie
sein 's? Ah, das is stark.
FRÄULEIN VON BLUMENBLATT *(zu Weinberl)*. Ist Ihnen 20
der Mensch bekannt, Herr von Sonders?
WEINBERL. Das heißt, ich hab ihn wohl g'sehen. –
(Leise zu Christopherl.) Herr von Sonders hat s' zu mir
g'sagt, wenn ich mich nicht irr – ich kenn ihn zwar
nicht – 25
CHRISTOPHERL *(leise zu Weinberl)*. Ich auch nicht.
WEINBERL *(leise zu Christopherl)*. Aber so heißt ja der –

CHRISTOPHERL *(leise zu Weinberl).* Der unsrer Fräuler z'
Haus nachsteigt –

MELCHIOR *(zu Weinberl).* Schamen Sie sich! Das is eine
Aufführung!

5 FRÄULEIN VON BLUMENBLATT. Wie kommt Er dazu, diesem Herrn ein Reperement –

MELCHIOR. Weil mein Herr dem Herrn seine Zech hat
müssen zahl'n.

FRÄULEIN VON BLUMENBLATT. Eine Zeche?

10 MELCHIOR. Ja, sonst hätt der Kellner die Damen pfänd't.

FRÄULEIN VON BLUMENBLATT. Was für Damen?

MELCHIOR. Nicht eigentliche Damen, sondern nur, was
man so sagt. Dieser Herr – *(zu Weinberl)* schamen Sie
sich! – *(zu Fräulein von Blumenblatt)* war in einem Garten

15 mit zwei Frauenzimmern, die ich anfangs für Weibsbilder g'halten hab, wo sich's aber nachher gezeigt hat, dass
es Witwen waren. *(Zu Weinberl.)* Schamen Sie sich!

FRÄULEIN VON BLUMENBLATT. Wer soll aus diesem Ge-
wäsch klug werden?

20 MELCHIOR *(in verächtlichem Tone zu Weinberl).* Mit Damen wohin gehen und nicht zahlen! Schamen Sie sich!

FRÄULEIN VON BLUMENBLATT *(zu Melchior).* Werd ich
jetzt erfahren –?

MELCHIOR *(wie oben zu Weinberl).* Mit Damen und nicht

25 zahlen, das is klassisch!

FRÄULEIN VON BLUMENBLATT *(ärgerlich zu Melchior).*
Jetzt frag ich Ihn zum letzten Mal –

MELCHIOR *(wie oben zu Weinberl).* Schamen Sie sich!

FRÄULEIN VON BLUMENBLATT *(wie oben).* Wer ist Sein

30 Herr?

MELCHIOR. Der Herr von Zangler.

FRÄULEIN VON BLUMENBLATT. Und kommt Sein Herr zu mir?

MELCHIOR. Euergnadenfräuler, da hat er nix g'sagt.

WEINBERL *(für sich)*. Gott sei Dank!

CHRISTOPHERL *(leise zu Weinberl)*. Wenn er aber doch –?

FRÄULEIN VON BLUMENBLATT. Was ist also eigentlich Seine Sendung?

MELCHIOR. Der Herr von Zangler lasst Ihnen sagen, er hat Ihnen da zwei Leut g'schickt –

WEINBERL *und* CHRISTOPHERL *(erschrocken)*. Der Prinzipal hat uns –?

MELCHIOR. Er hat nämlich den *(auf Weinberl zeigend)* für 'n Herrn von Sonders und diese *(auf Christopherl zeigend)* für seine durchgegangene Mündel gehalten; sie sein's aber nicht, drum soll'n s' die Euergnadenfräuler fortlassen.

WEINBERL *und* CHRISTOPHERL. Das is g'scheit!

FRÄULEIN VON BLUMENBLATT. Wie? Das ist ja das Gegenteil von dem, was in dem soeben erhaltenen Briefe steht. *(Zu Weinberl und Christopherl.)* Ich lasse Sie nicht fort.

CHRISTOPHERL. Was?

FRÄULEIN VON BLUMENBLATT. Dieser Mensch da scheint mir unter der Maske der Dummheit einen schlauen Plan zu verbergen; scheint mit Ihnen einverstanden, Sie von hier fortzubringen. Draus wird aber nichts, Vermittlerin will ich sein, aber –

MELCHIOR. Aber, Euergnadenfräul'n, das is ja der, der sich schamen soll –

CHRISTOPHERL. Wenn der Alte selbst sagen lasst –

FRÄULEIN VON BLUMENBLATT. Zum letzten Male, Marie, schweigen Sie!

Sechster Auftritt

Lisette. Die Vorigen.

LISETTE *(zur Mitteltüre eintretend)*. Euer Gnaden, es is ein
　　Herr Weinberl draußen.
5　WEINBERL. Was, draußt is ein Weinberl?
FRÄULEIN VON BLUMENBLATT. Und was will der
　　Mensch?
LISETTE. Der Mensch kommt von Herrn von Zangler.
MELCHIOR. Ich komme von Herrn von Zangler. Das is ja
10　　Widerspruch!
FRÄULEIN VON BLUMENBLATT *(zu Lisetten)*. Mein Schwa-
　　ger also hat mir den Menschen geschickt?
MELCHIOR *(zu Fräulein von Blumenblatt)*. Der Schwager
　　hat *mich* geschickt, und die sagt, er hat einen Menschen
15　　geschickt, das is ja Widerspruch!
LISETTE. Euer Gnaden möchten ihm Zutritt in Ihrem Hau-
　　se gestatten, denn sein Auftrag ist, das Benehmen des
　　Fräulein Zangler *(auf Christopherl zeigend)* zu beobach-
　　ten und darüber Herrn von Zangler zu rapportieren.
20　FRÄULEIN VON BLUMENBLATT *(sich besinnend)*. Wein-
　　berl –? Ach, jetzt erinnere ich mich, das ist ja sein Kom-
　　mis, den er mir oft als ein Muster von Solidität gerühmt,
　　auf den er sich verlassen kann wie auf sich selbst – oh,
　　nur herein, er ist mir willkommen.
25　*(Lisette geht zur Mitteltüre links ab.)*
　　WEINBERL *(zu Christopherl)*. Jetzt kommt's auf, wie solid
　　ich bin; aber auf den Weinberl bin ich begierig.
MELCHIOR. Das sind ja aber lauter Widersprüche!
FRÄULEIN VON BLUMENBLATT *(böse zu Melchior)*. Kein

Wort mehr! *(Zu Weinberl.)* Für meine Vermittlungspläne ist es mir lieber, dass der Herr Weinberl kommt, als wenn Schwager Zangler selbst gekommen wäre.

WEINBERL. Das wär auf alle Fäll das Unangenehmste gewesen. 5

Siebenter Auftritt

Sonders. Lisette. Die Vorigen.

SONDERS *(von Lisetten hereingeführt, zu Fräulein von Blumenblatt).* Gnädiges Fräulein –

FRÄULEIN VON BLUMENBLATT *(zu Sonders).* Ich bin sehr 10 erfreut, Ihre persönliche Bekanntschaft – *(präsentiert dem Weinberl, den sie für Sonders hält, diesen als Herrn Weinberl, und dem wirklichen Sonders, den sie für Weinberl hält, den Weinberl als Herrn von Sonders, folglich verkehrt.)* Hier Herr Weinberl, hier Herr von Sonders – 15 doch die Herren kennen sich wohl?
(Sonders und Weinberl machen sich gegenseitig sehr befremdet das Kompliment.)

SONDERS. Ich hab nicht die Ehre, *den* Herrn von Sonders –

WEINBERL. Und ich hab nicht die Ehre, *den* Herrn von 20 Weinberl zu kennen.

MELCHIOR *(welcher links steht, Sonders, der auf der rechten Seite steht, betrachtend).* Den soll ich – das is ja –

SONDERS *(für sich).* Da hat sich einer für mich ausgegeben! Wie kommt er aber dazu, Begleiter meiner Marie zu 25 sein? *(Auf den verschleierten Christopherl hinübersehend.)* Sie gibt mir kein Zeichen –!

FRÄULEIN VON BLUMENBLATT *(zu Sonders).* Wird mein
Schwager Zangler zu mir kommen?

SONDERS. Ich glaube, nicht so bald. *(Für sich.)* Ich hoffe es
wenigstens!

5 FRÄULEIN VON BLUMENBLATT *(sich zu Weinberl wen-
dend).* Nun sehen Sie, Herr von Sonders – *(Spricht leise
mit Weinberl weiter.)*

MELCHIOR. Ah, das wär zu keck! *(Schleicht näher zu
Sonders.)*

10 SONDERS *(benützt den Augenblick, wo Fräulein von Blumenblatt mit Weinberl spricht, und ruft mit unterdrückter Stimme auf den an der linken Ecke der Bühne stehenden Christopherl, den er für Marien hält, zu).* Marie! *(Gibt
durch Zeichen zu verstehen, dass er nicht wisse, wie sie zu*
15 *dieser Begleitung gekommen.)*

CHRISTOPHERL *(der dies bemerkt, für sich).* Ich rühr mich
nicht.

SONDERS *(für sich).* Wenn sie nur den Schleier wegtäte,
dass ich in ihren Blicken lesen könnt!

20 MELCHIOR *(Sonders anpackend).* Das is der Eigentliche!
Entdeckung, Betrug, falsche Vorspieglung!

SONDERS *(Melchior zurückstoßend).* Was untersteht Er
sich?

FRÄULEIN VON BLUMENBLATT *(über Melchiors Kühnheit
25 entrüstet).* Was soll das?

MELCHIOR. Euer Gnad'n! *(Auf Sonders deutend.)* Der hat
mit Ihnen falsche Vorspieglung getrieben, hier ist von
Weinberl keine Spur.

SONDERS. Was will dieser Mensch? Wer ist Er?

30 FRÄULEIN VON BLUMENBLATT *(zu Sonders).* Was, Sie
kennen ihn nicht? Und er hat sich für einen Diener des

Herrn von Zangler ausgegeben! Da herrscht Betrug! Da herrscht Betrug! Lisette, schicke sogleich den Wachter herein!

(Lisette geht zur Mitteltüre links ab.)

WEINBERL *(zu Christopherl)*. Da gibt's Spektakel, währenddem kriegen wir Luft.

MELCHIOR *(zu Fräulein von Blumenblatt)*. Euer Gnaden lassen den Wachter holen, ich will doch nicht hoffen –

FRÄULEIN VON BLUMENBLATT *(erzürnt)*. Seine Frechheit soll Ihm teuer zu stehen kommen.

MELCHIOR. Wer is frech? *(Auf Sonders zeigend.)* Der is frech, denn da is von Weinberl keine Spur – *(auf Weinberl zeigend)* der is frech, denn da is von Zechzahl'n keine Spur, aber ich –

Achter Auftritt

Der Wachter. Die Vorigen. Dann Lisette.

WACHTER *(tritt zur Mitteltüre links ein)*. Ich soll wem hinauswerfen?

FRÄULEIN VON BLUMENBLATT *(auf Melchior zeigend)*. Bemächtige Er sich dieses Betrügers!

MELCHIOR. Was?!

WEINBERL *(leise zu Christopherl)*. Bei der Gelegenheit fahrn wir ab.

MELCHIOR. Den Wachter schicken S' über mich! Hier wimmelt's von Frevlern, ich bin vielleicht der einzige Unschuldige im ganzen Zimmer, und mich führen s' ein – ah, das is klassisch!

WACHTER. Nur nicht viel G'schichten g'macht!

MELCHIOR *(während ihn der Wachter gegen die Mitteltüre links führt)*. Wenn das mein Herr sähet! Wachter – lieber Wachter!

5 *(Christopherl und Weinberl haben sich ebenfalls, um während des Tumultes zu echappieren, derselben Türe genähert.)*

LISETTE *(läuft zur Mitteltüre links herein)*. Der Herr von Zangler is da!

10 WEINBERL, CHRISTOPHERL, SONDERS *(erschrocken, jeder für sich)*. Der Zangler –!!? *(Alle drei stürzen a tempo, Sonders zur Mitteltüre rechts, Weinberl zur Seitentüre rechts, Christopherl zur Seitentüre links, ab.)*

MELCHIOR. Das ist g'scheit!

15 LISETTE. Aber, Fräul'n –! *(Eilt Christopherl nach.)*

FRÄULEIN VON BLUMENBLATT. Mein Schwager – alles läuft davon – Herr Weinberl fort –?

Neunter Auftritt

Fräulein von Blumenblatt, Melchior, Wachter. Dazu
20 *Zangler. Madame Knorr. Frau von Fischer. Marie. Frau von Fischer ist ohne Hut und Mantel in Häubchen und Schal.*

ZANGLER *(mit beiden Frauen am Arme, zur Mitteltüre links eintretend)*. Schwägerin, da sind wir – was is das? Der Wachter hat mein' Melchior beim Schößel –?

25 FRÄULEIN VON BLUMENBLATT *(auf Melchior zeigend)*. Also wäre das –?

MELCHIOR *(zu Zangler)*. Oh, sagen S' ihr's, wer ich bin!

ZANGLER *(zu Fräulein von Blumenblatt).* Mein dummer Hausknecht.

MELCHIOR *(zu Fräulein von Blumenblatt).* Sehn Sie, Schwägerin meines Herrn? *(Zu Zangler.)* Hab'n Sie einen Kommis, der Weinberl heißt?

ZANGLER. Ja.

MELCHIOR. Und wo is der Weinberl?

ZANGLER. Zu Haus, beim G'schäft.

MELCHIOR *(zu Fräulein von Blumenblatt).* Sehn Sie, Schwägerin meines Herrn?

ZANGLER *(zu Fräulein von Blumenblatt).* Aber jetzt sag mir –

MELCHIOR *(zu Zangler, ihn unterbrechend).* Ruhig! War das nicht ein unrechts Paar Leut, die Sie herg'schickt hab'n?

ZANGLER. Freilich!

MELCHIOR *(zu Fräulein von Blumenblatt).* Sehn Sie, Schwägerin meines Herrn?

FRÄULEIN VON BLUMENBLATT. Ja, wenn's so ist –

ZANGLER *(zu Fräulein von Blumenblatt).* Jetzt muss ich dir aber vor allem hier meine Braut und hier ihre Freundin, Frau von Fischer, vorstellen.

FRÄULEIN VON BLUMENBLATT. Ah, scharmant!

FRAU VON FISCHER *und* MADAME KNORR. Freut uns unendlich, die Ehre zu haben.

ZANGLER. Morgen ist Hochzeit.

FRÄULEIN VON BLUMENBLATT. Du weißt, ich geh zu keiner Hochzeit, denn mein Schicksal –! *(Schnupft.)* Aber wie kommt das so schnell?

ZANGLER. Ja, ich geh der Meinigen nicht mehr von der Seiten, es sind Gründe –

MADAME KNORR *(leise zu Zangler).* Blamieren Sie mich
doch nicht!

ZANGLER *(zu Melchior).* Du fahrst jetzt gleich zu mir nach
Haus, rebellst alles auf, dass schleunigst zu die Hoch-
zeitsanstalten g'schaut wird. *(Zu den beiden Frauen.)*
Wir soupieren bei meiner Schwägerin und fahrn dann
gleich nach. *(Zu Melchior.)* Mit Tagesanbruch kommen
wir an.

MELCHIOR. Wird alles besorgt, aber –

FRÄULEIN VON BLUMENBLATT *(zu Melchior).* Freund,
nimm Er das, weil ich Ihm Unrecht getan. *(Reicht ihm
Geld.)*

MELCHIOR. Sie sehn es ein, das ist mir genug. *(Nimmt das
Geld. Zu Zangler.)* Aber sagen Sie ihr nur das noch –

ZANGLER. Dass du ein Esel bist.

MELCHIOR *(will Zangler etwas sagen, unterdrückt es aber).*
Die Schwägerin sieht es ein, das ist mir genug! *(Geht zur
Mitte links ab.)*

Zehnter Auftritt

Die Vorigen ohne Melchior.

FRÄULEIN VON BLUMENBLATT. Aber wie ist denn das?
Du hast mir also nicht deine Mündel geschickt?

ZANGLER *(auf Marien zeigend).* Nein, hier bring ich dir die
Missratne und übergeb sie deiner Obhut.

MARIE. Gnädige Frau Tant –! *(Küsst ihr die Hand.)*

FRÄULEIN VON BLUMENBLATT *(zu Zangler).* Was waren
denn das hernach für Leute?

ZANGLER. Das weiß ich nicht.

FRÄULEIN VON BLUMENBLATT. Sie sind noch hier.

ZANGLER. So? Bei denen muss ich mich ja entschuldigen.

FRÄULEIN VON BLUMENBLATT. Wie sie hörten, dass du kommst, sind sie, jedes zu einer andern Tür, hinausgestürzt.

ZANGLER. Das is kurios!

Elfter Auftritt

Lisette. Die Vorigen.

LISETTE *(einen Schleier in der Hand, kommt aus der Seitentüre links)*. Die Fräul'n Zangler ist in das gelbe Kabinett gelaufen und hat von innen zugeriegelt. Sie macht um keinen Preis auf; der Schleier von ihrem Hute ist an der Türschnalle hängengeblieben.

FRÄULEIN VON BLUMENBLATT *(zu Zangler)*. Was sagst du dazu?

ZANGLER. Hm! Hm! –

FRAU VON FISCHER *(den Schleier besehend)*. Das ist der Schleier von meinem Hut.

MADAME KNORR *(ebenfalls den Schleier betrachtend)*. Freilich, da ist der Rostfleck.

FRAU VON FISCHER. Hat die Person nicht auch einen Mantel, gerade so *(auf Marie deutend)* wie die Fräul'n hier?

FRÄULEIN VON BLUMENBLATT. Ja, braun quadrilliert, ganz so.

MADAME KNORR. 's sind beide in meinem Magazin gekauft.

FRAU VON FISCHER *(zu Fräulein von Blumenblatt).* Sie müssen wissen, ich bin schändlich bestohlen worden.

ZANGLER. Da müssen wir auf den Grund – *(zu Lisette)* Mamsell, sperrn Sie die Türe, wo die Person drin is, g'schwind von auswendig zu.

LISETTE. Sogleich. *(Eilt zur Seitentüre links ab.)*

ZANGLER. Und dann – he, Wachter!

WACHTER. Befehl'n?

ZANGLER. Er holt Assistenz und sperrt von außen die Haustür zu.

WACHTER. Sehr wohl. *(Zur Mitteltüre links ab.)*

FRÄULEIN VON BLUMENBLATT. Ich zittere.

ZANGLER. Kommen Sie, meine Damen, hier gibt's eine Spitzbüberei, die ins Abnorme geht. *(Mit sämtlichen Frauenzimmern zur Seitentüre rechts ab.)*

Verwandlung

Garten im Hause des Fräuleins von Blumenblatt, im Hintergrunde zieht sich die Gartenmauer über die ganze Bühne. Rechts ist ein vorgebauter praktikabler Teil des Hauses, ein Stock hoch, mit Glasfenstern sowohl nach vorne als gegen die Seite. Durch die Fenster sieht man in das früher besprochene gelbe Kabinett, welches jedoch nicht erleuchtet ist; die Bühne ist ganz finster.

Zwölfter Auftritt

Weinberl. Später Christopherl am Fenster.

WEINBERL *(allein, aus dem Hintergrunde links auftretend).*
Es ist umsonst, der Ort, wo der Zimmermann 's Loch
g'macht hat, is nicht zu finden. Fluch dem Schlosser, der
dieses Haustor vollendet, dreimal Fluch dem Maurer, der
diesen Garten umzäunt, und hundertfünfzigmal Fluch
denen anderthalb Zenten Leibsg'wicht, die mich hin-
dern, auf den Flügeln der Angst hinüber zu saltomortali-
sieren. In jedem Schatten seh ich einen Zangler, in jedem
Geräusch hör ich einen Zangler, die ganze Natur hat sich
für mich in ein Schrecknis aufgelöst, und das heißt Zangler! Diese Mauer muss eine weitschichtige Mahm von
der chinesischen sein – ich muss doch noch amal *(ver-
sucht die Mauer zu erklettern)* – es ist zu hoch, ich kann
nicht hinauf.

CHRISTOPHERL *(im Frauenzimmer-Mantel und Hut, wie
früher, öffnet das Fenster und sieht heraus).* Es ist zu
hoch, ich kann nicht herab.

WEINBERL. Christoph, sind Sie's?

CHRISTOPHERL. Ja, ich bin's. Herr Weinberl, sind
Sie's?

WEINBERL. Ja, ich bin's.

CHRISTOPHERL. Helfen S' mir, ich riskier jeden Augenblick, dass man die Türe einsprengt und mich vor den
Prinzipal schleppt.

WEINBERL. Mein Risiko ist dasselbe.

CHRISTOPHERL. Wir sind also vorderhand verloren.

WEINBERL. Wenn keine Leiter vom Himmel fällt, wenn

nicht durch ein Wunder sich Sprisseln in der Luft gestalten, rettungslos verloren.

CHRISTOPHERL *(sich zum Fenster herausbeugend).* Da kommt wer –

5 WEINBERL *(erschrocken).* Der Zangler –! *(Verbirgt sich links hinter einem Gebüsch.)*

Dreizehnter Auftritt

Sonders. Die Vorigen. Später Zangler. Wachter und mehrere Leute.

10 SONDERS *(kommt mit einer Leiter aus dem Vordergrunde rechts).* Der Fund kam zur gelegenen Zeit, auf dieser Gartenleiter gelang ich über die Mauer, dann heißt es wieder einen günstigen Moment, wo ich mich meiner Marie nähern kann, mit Geduld abwarten. Geduld – verdammtes
15 Wort! – Im Wörterbuch der Liebenden ist's nicht zu finden. *(Will sich der Mauer nähern.)*

WEINBERL *(für sich).* Soll ich ihn anreden –?

CHRISTOPHERL. Pst! Pst!

SONDERS. Geht das mich an –? *(Sieht zum Fenster hinauf.)*
20 Ein Frauenzimmer! – Täuscht mich die Dunkelheit –!? Nein, Marie, du bist's, meine geliebte Marie!

CHRISTOPHERL *(mit gedämpfter, verstellter Stimme).* Ja, ich bin's!

WEINBERL *(für sich).* Das is auf die Art niemand anderer
25 als der Herr von Sonders.

SONDERS. Oh, komm herab, die Leiter soll dich in meine Arme und dann uns beide ins Freie führen.

CHRISTOPHERL *(wie oben).* Wohlan!

SONDERS *(lehnt die Leiter an das Haus).* So steig nur mutig zum Fenster heraus.

(Christopherl steigt herab.)

SONDERS. Zittre nicht, ich werde die Leiter halten. Und nicht wahr, liebe Marie, das Paket mit den Dokumenten, die wir zur Trauung brauchen, hast du?

CHRISTOPHERL. Nein. *(Ist eben auf der untersten Sprosse angelangt.)*

SONDERS *(bestürzt).* Wo ließest du's?

CHRISTOPHERL *(auf das Fenster hinaufzeigend).* Dort –

SONDERS. Vergessen dort oben? – Das muss ich holen. *(Eilt die Leiter hinan und steigt rasch zum Fenster hinein.)*

CHRISTOPHERL. Auf'n Tisch rechts. *(Nachdem Sonders ins Fenster gestiegen.)* G'schwind, Weinberl, die Leiter is erobert!

WEINBERL *(hervorkommend).* Die Nächstenlieb fangt bei sich selbst an.

CHRISTOPHERL *(indem er mit Weinberl die Leiter zur Gartenmauer trägt).* Ich bring unser Fräuler Marie ihren Liebhaber in die Brisil, das is Satisfaktion für das, dass sie mich immer einen dalketen Bub'n heißt. *(Hat mit Weinberl die Leiter an die Gartenmauer gelehnt.)*

WEINBERL. Ich steig voran.

CHRISTOPHERL. Nur g'schwind!

WEINBERL *(steigt sehr schnell die Leiter hinauf und schwingt sich von derselben auf die Mauer, auf welcher er in reitender Stellung sitzenbleibt).* Kraxeln S' nach, Christopherl!

(A tempo tritt der Mond aus den Wolken, es wird heller auf der Bühne.)

CHRISTOPHERL *(ebenfalls eilig die Leiter hinaufsteigend).* Da bin ich schon. *(Wie er oben auf der Leiter ist, nimmt er den Frauenzimmer-Mantel und Hut ab und wickelt beides in einen Knäuel zusammen.)*

5 WEINBERL. Was machen S' denn?

CHRISTOPHERL. Geduld, jetzt kann uns nix mehr g'schehen.

SONDERS *(ans Fenster kommend).* Marie! Ich kann das Paket nicht finden.

10 CHRISTOPHERL *(in natürlicher Stimme).* Nicht finden können Sie's? No, so nehmen S' das derweil. *(Wirft Mantel und Hut zum Fenster hinein und steigt von der Leiter auf die Mauer, auf welcher er in sitzender Stellung bleibt.)*

15 SONDERS. Was seh ich, ein Mann –?! Ich bin schmählich betrogen.

WEINBERL. Jetzt ziehn wir die Leiter herauf und lassen s' auf der andern Seiten herunter. *(Tut es mit Christopherls Beihilfe.)*

20 SONDERS. Die Leiter – wo ist die Leiter? *(Langt zum Fenster heraus und merkt, dass die Leiter fortgetragen ist.)* Verdammt! –

(Man hört im Hause mehrere Stimmen untereinander.)

SONDERS. Man kommt –!

25 *(Man hört im Zimmer oben die Türe einbrechen, Zangler mit dem Wachter und noch ein paar Leuten erscheinen mit Lichtern im Kabinett.)*

ZANGLER. Ein Mann ist's –!

WACHTER. Nur angepackt!

30 ZANGLER. Herr Sonders –! Teufel, jetzt wird's mir zu arg!

WACHTER *und die* ÜBRIGEN. Angepackt! Nur angepackt!
CHRISTOPHERL. Sie hab'n ihn schon. Das is ein Jux!
   (Im Orchester fällt passende Musik ein. – Weinberl und
   Christopherl verschwinden während dem im Kabinett
   statthabenden Tumulte außerhalb der Mauer.)   5
   Der Vorhang fällt.

Vierter Aufzug

Straße vor Zanglers Haus – der Mond beleuchtet die Bühne;
links im Vordergrunde ist Zanglers Haus, ein Stockwerk
hoch. Vorne ein praktikables Glasfenster, unter dem Fenster
sieht man die verschlossene Gewölbetüre, darüber die Tafel
mit der Aufschrift: »B. ZANGLERS VERMISCHTE WAREN-
HANDLUNG«. Etwas weiter zurück als die Gewölbetüre ist
das Haustor.

Erster Auftritt

Melchior. Dann Gertrud.

MELCHIOR *(allein, tritt von der Seite rechts aus dem Hinter-*
grunde auf). Ah – den ganzen Weg hab ich superb verschlafen – *(gähnt)* und bin jetzt so munter, als wann's
helllichter Tag wär. – Da is ja 's Haus – richtig – ich muss
anläuten. *(Sucht an beiden Seiten des Haustores.)* Was is
denn das –? Keine Glocken? – Ah, da hab ich Respekt,
hier hab'n s' noch keine Hausmeister, die werden doch
schön z'ruck sein in der Kultur. *(Klopft an das Tor.)* He,
aufg'macht! *(Klopft stärker.)* Aufg'macht! – Es hört kein
Mensch. – Wenn ich nur die Wirtschafterin aufrebell'n
könnt, das is die einzige Person, die mich kennt im Haus.
Auf d' Letzt lassen s' mich gar nicht hinein – ich werd mit
einem Sandkörndl ans Fenster werfen. *(Nimmt eines*
vom Boden auf und wirft an das Glasfenster vorn.) Es
hört mich niemand – ich muss ein Steinl nehmen.
(Nimmt eines vom Boden auf und wirft es ans Fenster.) 's

nutzt noch nix – ich muss's mit ein' größern Steinl pro-
biern. *(Nimmt einen Stein auf und wirft ihn ins Fenster,
die Scherben fallen herab, man hört von innen einen
Schrei von Gertrud.)* Jetzt, glaub ich, hat mich wer g'hört.
Frau Gertrud! – Frau Gertrud!

GERTRUD *(von innen).* Wo brennt's?

MELCHIOR. Nirgends! Komm d' Frau Gertrud nur zum
Fenster!

GERTRUD *(eine Nachthaube auf dem Kopf, schaut zum
Fenster heraus).* Was is's denn, um alles in der Welt!?

MELCHIOR. Sein S' so gut, machen S' mir 's Tor auf.

GERTRUD. Impertinenter Mensch, wer is Er?

MELCHIOR. Der neue Hausknecht bin ich, der Melchior.

GERTRUD. Den Tod könnt man haben durch den Schrocken!

MELCHIOR. Von Tod is gar kein Red, Hochzeit is! Vor
Tagesanbruch kommt der Herr.

GERTRUD. Er hat einen Rausch.

MELCHIOR. Den müsst er sich erst trunken haben, ich hab
ihn alser nüchterner verlassen. Machen S' nur auf!

GERTRUD. Mir is es in alle Glieder g'fahrn! Das is doch gar
entsetzlich! Was glaubt denn so ein Mensch? *(Entfernt
sich brummend vom Fenster.)*

MELCHIOR *(allein).* Das sind die Folgen, wenn in ein' Haus
kein Hausmeister is! Mir is das alles eins, ich zahl die
Fensterscheiben nicht. Mir scheint, ich hör s' schon.

GERTRUD *(man hört sie von innen das Haus aufsperren
und dabei brummen).* Das werd ich dem Herrn sagen, ob
das recht is, dass man jemanden so aus'n Schlaf –

MELCHIOR *(von außen, am Haustor stehend).* Nur gelas-
sen, Frau Gertrud!

GERTRUD *(von innen, wie oben).* Das ist keine Manier, das is keine Art, bei später Nacht dieser Schrocken!

MELCHIOR *(von außen).* Schaun S', der Zorn schad't Ihnen.
(Das Haustor öffnet sich, Melchior geht hinein.)

GERTRUD *(von innen, indem man sie wieder zuschließen hört).* Wer'n wir schon sehen, was der Herr dazu sagt, das lass ich nicht so hingehn.

MELCHIOR *(von innen).* Ah, hörn S' auf!
(Man hört beider Stimmen immer schwächer, bis es ganz ruhig wird.)

Zweiter Auftritt

Christopherl und Weinberl kommen rechts aus dem Hintergrund.

WEINBERL. Hab'n S' g'hört, Christoph? Wenn sich der Hahn nicht verkräht hat um a Stund, so geht's schon auf'n Tag los.

CHRISTOPHERL. Macht nix, wir sind einmal da, wir können sagen, wir haben das Ziel erreicht.

WEINBERL. Ja, was denn eigentlich für ein Ziel, wenn man's recht betracht't?

CHRISTOPHERL. No, wir hab'n uns ein' Jux g'macht und kommen im Übrigen grad so g'scheit wieder z' Haus, als wir aus'gangen sein.

WEINBERL. Jetzt frag ich aber, zahlt sich so ein Jux aus, wenn man ihn mit einer Furcht, mit drei Schrocken, fünf Verlegenheiten und sieben Todesängsten erkauft? Is so a G'schäft nicht noch weit dümmer, als wenn man für a

Lot Salami ein' Gulden, für ein Vierting Bockshörndl ein'
Taler, für a halbete Sardellen ein' doppelten Dukaten
zahlt? Wann wir aber das jetzt gehörig einsehn, dann
kommen wir ja doch um ein Alzel g'scheiter nach Haus.

CHRISTOPHERL. Ich bin ja noch zu jung, um das richtig zu
beurteil'n.

WEINBERL. Ah – ich bin ganz zerlext von die Gemütsbe-
wegungen.

CHRISTOPHERL. Ich auch! Und für mich ist das noch weit
gefährlicher, weil ich so stark im Wachsen bin. Schaun
wir, dass wir ins Bett kommen! Soll ich anpumpern beim
Haustor?

WEINBERL. Warum nicht gar! Wir schleichen uns ganz in
der Still ins Gewölb und duseln ein bissl auf der Budel. In
zwei Stund wird's ohnedem Zeit zum Aufsperrn sein.
Ich hab den G'wölbschlüssel bei mir. *(Sucht in den Ta-
schen.)* Da – nein, da – oder da – Teufel hinein, ich hab
den Schlüssel verlorn.

CHRISTOPHERL. Sein S' so gut!

WEINBERL. Wie ich den Kutscher, der uns herg'führt hat,
mit meiner silbernen Uhr aus'zahlt hab, muss er mir her-
ausg'fall'n sein.

CHRISTOPHERL. Na, das is ja keine dreihundert Schritt!
Warten S', ich geh z'ruck, ich weiß 's Platzl genau, werd
ihn gleich finden. *(Geht in den Hintergrund rechts ab.)*

Dritter Auftritt

Weinberl.

WEINBERL *(allein).* Jetzt habe ich das Glück genossen, ein
verfluchter Kerl zu sein, und die ganze Ausbeute von dem
Glück is, dass ich um keinen Preis mehr ein verfluchter
Kerl sein möcht. Für einen Kommis schickt sich so was
nicht! Das kommt mir vor wie unser Fräule, die sagt auch
immer: »Es schickt sich nicht«, und derweil – es g'schieht
halt allerhand bei der Zeit, was sich nicht schickt.

Lied

1

's hat einer a Geld herg'liehen ohne Interessen,
Der Schuldner tut aber aufs Zahl'n rein vergessen.
Der Gläubiger mahnt ihn stets mit Höflichkeit,
Doch der Schuldner, der find't sich beleidigt und schreit:
»Pressiern Sie mich nicht, Sie wer'n 's Geld schon
                    noch krieg'n,
Sie Esel, ich werf Ihnen gleich über d' Stieg'n!«
Man glaubt nicht, wie häufig das g'schicht,
Und es schickt sich doch offenbar nicht.

2

Man muss sehn im Kaffeehaus, wenn Karten g'spielt wird,
Wie s' zuschaun und dreinplauschen ganz ungeniert,
Schaun zwei'n in die Karten und raten dem Dritten,
Ob er Karo oder Pick spiel'n soll – da muss i bitten!
Und tut sich bei ein' Spieler ein Ultimo zeig'n,
Dem tun d' Zuschauer völlig am Buckel auffisteig'n.

Diese Unart fast überall g'schicht,
Und es schickt sich doch offenbar nicht.

3

A jungs und schlanks Töchterl, na, der steht es gut,
Wann s' auch wie a B'sessene umtanzen tut,   5
Doch was soll man sag'n, wenn d' Mama mit fufz'g Jahrn
Umafludert mit frische Kamelien in Haarn.
So a Frau wägt drei Zentner oft – Sie, das is viel! –
Hupft aber noch neckisch mit in der Quadrill.
Man glaubt nicht, wie häufig das g'schicht,   10
Und es schickt sich doch offenbar nicht.

4

's gibt Leut, die ein' gern nur was Unang'nehms sag'n:
»Ach, Sie schaun schlecht aus, Ihnen hat's schön
                                    beim Krag'n!« –   15
»Gestern hat auf ein' andern g'schmacht't Ihre
                                    Herzensdam.« –
»Wer hat Ihnen den Rock g'macht, Sie, der steht
                                    infam!« –
»Der Wag'n, den Sie kauft hab'n, ach, das is a Karrn!« –   20
»Ihr Stück hab ich g'lesen, Sie, das is a Schmarn!«
So sagen s' alles den Leuten ins G'sicht,
Na, das schickt sich doch offenbar nicht.

5

Das steht so gut, wann die gebildeten Herrn   25
Recht freundlich und zärtlich mit Dienstboten wer'n
Und ganz franchement rennen beim helllichten Tag
Wie die Windspiel ein' schlampeten Kuchelbärn nach

Und drucken ihr d' Bratzen und lassen s' nit aus:
»O Engel, sagen S' mir's, sein S' allein heut zu Haus?«
Man glaubt nicht, wie häufig das g'schicht,
Und es schickt sich doch offenbar nicht.

6

Bei einer Art G'schwufen is viel Witz jetzt zu Haus,
Sie lassen ihn sogar an Godscheberbuben aus,
Sie kaufen a Pomeranzen und stecken s' in Sack
Und sagen: »Wannst dein Geld willst, so rauch erst
Tabak!«
Der Bua raucht, die Herren lach'n und machen
sich brad,
Bis ihr Witz dem Godscheber den Magen umdraht,
's soll erst unlängst g'schehn sein, so a G'schicht,
Und es schickt sich doch offenbar nicht.
(Im Hintergrund rechts ab.)

Vierter Auftritt

Kraps und Rab kommen links aus dem Hintergrund. Rab trägt eine Blendlaterne, Kraps hat einen Mantel um und eine dunkle Larve vor dem Gesicht.

RAB. Mir scheint gar, Kerl, du zitterst?
KRAPS. Nein, ich klappr' nur mit die Zähn.
RAB. Hasenfuß, da hättest du mich sehen soll'n, wie ich oft –
KRAPS. Das will ich wohl glauben, aber – du, lassen wir's auf ein anders Mal –

RAB. Schämst du dich nicht? Hat der Kerl den genial'n Einfall, den Schlüssel in Wachs abzudrücken, und bei der Ausführung verliert er die Courage!

KRAPS. Es ist nur heut, schau, ein anders Mal –

RAB. Nichts da! Nimm die Latern und leuchte mir! 5

KRAPS *(zitternd die Laterne nehmend)*. Schau, Brüderl –

RAB. Frisch ans Werk! *(Sperrt während des Folgenden die Schlösser an den Gewölbestangen auf.)*

Fünfter Auftritt

Weinberl und Christopherl. Die Vorigen. 10
Beide kommen aus dem Hintergrundstücke rechts und
sehen, was an der Gewölbetüre vorgeht.

WEINBERL *und* CHRISTOPHERL *(erschrocken mit unterdrückter Stimme)*. Was ist das –!?

RAB *(ohne die eben Angekommenen zu bemerken, in seinem* 15 *Geschäft und in seiner Rede fortfahrend)*. So leuchte doch daher! Siehst du denn nicht –? Aber, Narr – hahaha, wozu, Strohkopf, nimmst du denn eine Larve?

KRAPS. Wann's schelch geht, es sehet uns wer, und wir müssten echappiern – mein G'sicht ist zu bekannt in 20 dem Haus!

RAB *(der immer fortgearbeitet hat, macht einen Flügel der Gewölbetüre auf)*. Die Tür ist offen! Jetzt hinein und vor allem der Kassa eine Visit gemacht! Gib mir die Latern – die Schreibstube ist hinten links? 25

KRAPS *(ihm die Laterne gebend)*. Ja.
(Weinberl und Christopherl, die anfangs wie versteinert

stehengeblieben sind, sich aber dann rechts nach dem Vordergrunde gezogen, zugleich.)

WEINBERL. Christoph!

CHRISTOPHERL. Weinberl!

KRAPS. Aber, Brüderl, lassen wir's auf ein anders Mal!

RAB. Wäre nicht übel! Umkehren auf halbem Weg! Du bleibst noch ein paar Minuten hier stehen und siehst dich um, ob nicht etwa über unser Geräusch sich irgendwo ein Licht zeigt, dann kommst du mir nach! Aber zittre doch nicht, du Hasenfuß! Klugheit im Kopf, Schnaps im Magen und Pistolen in der Tasche, da geht alles gut. *(Geht ins Gewölbe ab.)*

Sechster Auftritt

Die Vorigen ohne Rab.

KRAPS. Ich hab kein Wort g'hört, was er g'sagt hat. – Die Angst! Ich hab glaubt, ich hab Anlag, aber ich bin nix zu dem G'schäft – wenn er nur wenigstens – ich sag halt, es wär besser gewesen, ein anders Mal –

WEINBERL *(ihn an der Gurgel fassend)*. Nein, jetzt is's am besten!

KRAPS. Barmherzigkeit –!

CHRISTOPHERL *(hat ihn ebenfalls gepackt)*. Still, oder –

WEINBERL. Ich erdrossel dich.

KRAPS. Herr Weinberl – Mussi Christoph –

WEINBERL. Das is ja –

KRAPS *(die Larve abnehmend)*. Der Hausknecht, der Kraps.

WEINBERL und CHRISTOPHERL. Du Spitzbub –

KRAPS. Ich will ein ehrlicher Mann wer'n.

WEINBERL. Ich seh's, du bist grad auf'n Weg dazu.

KRAPS. Das war mein Anfang und mein B'schluss – so wahr als – Barmherzigkeit!

CHRISTOPHERL *(zu Weinberl)*. Lassen wir 'n laufen.

WEINBERL. Das müssen wir jetzt wohl, sonst lamentiert er uns den andern heraus. *(Zu Kraps.)* Dein' Mantel, Hut und Larven her!

KRAPS. Da, da is alles, mein bester, edelster, großmütigster Herr von Weinberl. *(Gibt ihm, was er verlangt.)*

WEINBERL. Jetzt fahr ab!

KRAPS *(ihm die Hand küssend)*. Sie glauben's nicht, aber ich werd jetzt schrecklich ehrlich wer'n! *(Läuft im Hintergrunde links ab.)*

Siebenter Auftritt

Die Vorigen ohne Kraps.

WEINBERL. Den ehrlichen Mann wer'n s' schon durch die Aussagen seines Spießg'sellen kriegen. – *(Hüllt sich in Kraps' Mantel ein und setzt sich dessen Hut auf.)*

CHRISTOPHERL. Was tun S' denn da?

WEINBERL. Den andern muss ich erwischen.

CHRISTOPHERL. Sperrn wir 's G'wölb zu, so is er g'fangt!

WEINBERL. Dass er drin eine Tür eintritt, wen totschießt und doch am Ende ein' Ausweg findet! Nix, ich weiß schon, was ich tu. Wecken Sie nur derweil den Nachtwachter auf und machen S' g'schwind Arretierungsanstalten.

CHRISTOPHERL. Gut! Aber is das a Glück – auf unserm Bodenkammerl hätten wir den Einbruch rein verschlafen.

WEINBERL. Jetzt war der Jux doch zu was gut!

RAB (*von innen, sich der Tür nähernd*). Wo zum Teufel bleibst denn du so lang?

WEINBERL (*nimmt die Larve vor, wodurch sich seine Stimme ändert*). Ich komm schon, ich komm schon! (*Winkt Christopherl, dass er forteilen soll, und geht ins Gewölbe ab.*)

(*Christopherl läuft im Hintergrunde rechts ab.*)

Verwandlung

Zanglers Wohnzimmer, rechts eine Seitentüre, im Prospekt eine Tür, welche in das Gewölbe hinabführt. Rechts vorne steht ein Silberkasten, links vorne ein Fenster mit Vorhang. Am Prospekt ist Zanglers Bett.

Achter Auftritt

Melchior, allein, tritt mit Licht aus der Seitentüre rechts.

MELCHIOR. Da soll man Anstalten zur Hochzeit machen! Die Wirtschafterin sperrt sich ein in ihr Zimmer, gibt mir gar kein Gehör und schimpft so lang, bis s' zum Schnarchen anfangt! Die Köchin hab ich g'funden, ah, das Weibsbild hat gar einen klassischen Schlaf! Ich muss sagen, das is mir noch nicht unter'kommen. Wenn ich mein Kammerl wüsst, ging ich auch schlafen. Ich könnt mich zwar da in'n Herrn sein Bett legen, aber wer weiß, wär's ihm recht, 's tut's ja da im Armsessel auch. *(Man hört ein Geräusch im Hintergrunde.)* Was war denn das? – Ah, ich weiß schon – nix wird's g'wesen sein. 's is völlig entrisch, allein wach sein in so ein' verschlafnen Haus. *(Das Geräusch wiederholt sich.)* Jetzt war's aber – ja, es war was! *(Nach dem Hintergrunde zeigend.)* Von da unten hört man's herauf! Mensch oder Geist, was steht mir bevor? – Wenn es ein Mensch ist, oh, da bin ich ein Kerl, der Courage hat, wann's aber a Geist – da wär's aus mit mir, Geist ist mir ein zu fremdartiges Wesen. *(Ängstlich herumsehend.)* Wo kann ich denn –? Aha – *(läuft zum Fenster und setzt sich, während man außen dumpfe Stimmen hört, schnell auf das Fensterbrett, so dass ihn die herabhängenden Gardinen bedecken.)*

Neunter Auftritt

Rab. Weinberl mit Mantel, Hut, Larve und Blendlaterne. Der Vorige.
Rab und Weinberl kommen auf den Zehen zur Mitteltüre herein.

MELCHIOR *(hinter den Fenstergardinen hervorguckend, schaudernd für sich).* Den leichten Tritt, man hört's gar nicht: es sind Geister!

RAB. Wirklich, Bursche, das überrascht mich von dir, 's ist ein Wagstück, bis hierher zu dringen, und du hast's proponiert.

WEINBERL. 's is wegen dem Silberkasten, dort is er!

RAB. Ich meinesteils mache mich immer gleich aus

dem Staub, wenn ich das Geld habe, denn nur Geld, Geld –

MELCHIOR *(für sich)*. Sie gehn aufs Geld, es sind Menschen.

5 RAB. Mit Pretiosen befass ich mich nicht so gern. *(Nimmt von Weinberl die Laterne und nähert sich dem Silberkasten.)*

WEINBERL. Ah was, Silber is auch nicht zu verachten, je mehr, desto besser, man hat nie genug.

10 MELCHIOR *(für sich)*. Sie haben nie genug – es sind Menschen!

RAB. Der Schlüssel steckt, räumen wir aus! *(Öffnet die Glastüre des Kastens.)* Da hab ich aus dem Gewölb einen Sack mit heraufgenommen, da pack alles hinein! *(Wirft*
15 *ihm einen Leinwandsack zu, nimmt während des Folgenden aus dem Kasten Kaffeemaschine, Leuchter, Löffel usw. heraus und gibt es Weinberl, welcher es in den Leinwandsack steckt.)*

MELCHIOR *(für sich)*. Sie packen ein, es sind Menschen,
20 aber was für eine!

RAB. Nur schnell!

WEINBERL *(beiseite)*. Nur langsam, sag ich, ich muss ihn aufhalten, bis der Christopherl mit die Arretierer kommt.

25 RAB *(scherzend)*. Einen Kaffeelöffel sollten wir ihm liegen lassen, als Souvenir de Silberkasten.

MELCHIOR *(für sich)*. Der hat doch noch menschliches Gefühl.

WEINBERL. Ah was, nur alles mitg'nommen! Im andern
30 Zimmer drin wär auch noch was!

MELCHIOR *(für sich)*. Der mit der Larven is ganz Teufel.

RAB. Nein, das wäre zu riskiert, mich überfällt schon eine Unruhe – und das ist immer ein Zeichen –

MELCHIOR *(für sich)*. Bei dem is noch Besserung möglich.

WEINBERL. Die Stockuhr da drin sollten wir nicht auslassen.

MELCHIOR *(für sich)*. Der hat ein verhärtetes Gemüt!

RAB. Nichts da, wir müssen fort! – *(Bleibt stehen.)* Hörst du? – *(Horcht gespannt.)*

WEINBERL. Es is nix, es kann nix sein!

MELCHIOR *(über Weinberl erbost, die Faust ballend, für sich)*. Wenn ich nur den – *(Wirft durch seine unvorsichtige Bewegung einen Blumentopf vom Fenster herab.)*

RAB. Man kommt zum Fenster herein – schnell das Fersengeld! *(Läuft zur Mitteltüre ab.)*

WEINBERL *(für sich)*. Du därfst mir nicht auskommen! *(Lässt den Sack liegen und läuft Rab nach.)*

MELCHIOR *(springt aus seinem Versteck hervor und packt Weinberl, als er eben die Türe erreicht hat, am Genick)*. Hab ich dich?!

WEINBERL. Au weh! Was ist das?!

MELCHIOR. Weil ich nur den hab! *(Zieht ihn mehr nach vorne.)*

WEINBERL. Auslassen, sag ich! Der andere is ja –

MELCHIOR. Ein Schnipfer, der zu Hoffnungen berechtigt. Du aber bist ein Scheusal –

WEINBERL. Er erwürgt mich – zu Hilf! Zu Hilf!

MELCHIOR. Mir gehen vor Wut die Kräften aus – zu Hilf! Zu Hilf!

BEIDE. Zu Hilf! Zu Hilf!

Zehnter Auftritt

Zangler. Madame Knorr. Frau von Fischer. Christopherl.
Sonders. Marie. Die Vorigen ohne Rab.

CHRISTOPHERL *(mit einer Laterne)*. Der Rauber is solo
5   g'fangt, die Wachter hab'n ihn schon! *(Zündet auf dem*
    Tische rechts Licht an.)
MELCHIOR. Ich hab den wahren. –
ZANGLER. Was gibt's denn da für ein' Rumor?!
WEINBERL *(hat die Larve abgenommen)*. Herr Prinzipal –
10 ZANGLER *(Melchior, welcher Weinberl noch immer fest-*
    halten will, beiseite schleudernd). Pack du dich und
    nicht den da! *(Zu Weinberl.)* Der Christopherl hat mir
    alles gesagt – an mein Herz, edler Mann! *(Umarmt*
    Weinberl.)
15 MELCHIOR. Der umarmt den entlarvten Bösewicht! Das is
    klassisch!
CHRISTOPHERL *(zu Madame Knorr, bittend)*. Verschwie-
    genheit, Prinzipalin!
MADAME KNORR *(Christopherl erkennend)*. Ah, das is
20   stark –!
MELCHIOR *(zu Zangler)*. Aber schaun S' nur, wie er Ihr
    Silber –
ZANGLER. Durch dieses Silber hat er mir das Gold seiner
    Treue bewährt.
25 MELCHIOR. Das is klassisch!
FRAU VON FISCHER *und* MADAME KNORR *(Weinberl*
    erkennend). Was is denn das –!? Das is ja –
ZANGLER *(der Madame Knorr und Frau von Fischer Wein-*
    berl vorstellend). Mein ehemaliger Kommis, gegenwärtig

mein Associé, Herr Weinberl, der während meiner Abwesenheit mein Haus so treu bewacht.

FRAU VON FISCHER *und* MADAME KNORR *(zu Zangler).*
Erlauben Sie, das ist –

MELCHIOR *(zu den Frauen).* Oh, sag'n *Sie* ihm's, auf meine
Reden gibt er nichts.

WEINBERL *(in ängstlicher Verlegenheit bittend, leise zu
Frau von Fischer und Madame Knorr).* Verschwiegenheit
und Schonung, meine Gnädigen!

FRAU VON FISCHER *(böse).* Was –? *(Zu Zangler.)* Das ist
der Mensch, der es gewagt hat –

WEINBERL *(hat einen raschen Entschluss gefasst und fällt
ihr in die Rede).* Ja, ich bin der, der es gewagt hat, wie Sie,
Herr Prinzipal, mich einmal in die Stadt geschickt haben,
hab ich es gewagt, mich in diese reizende Witwe zu ver-
lieben, und jetzt als Associé wag ich es, ihr Herz und
Hand zu Füßen zu legen.

FRAU VON FISCHER *(überrascht).* Wie –? Wenn das Ihr
Ernst wäre –

WEINBERL. So wahr ich Weinberl bin.

ZANGLER. Na, das freut mich –

MELCHIOR *(zu Zangler).* Aber, Euer Gnaden!

ZANGLER. Noch ein Wort und ich jag Ihn aus'n Dienst.

MELCHIOR *(bemerkt in dem Augenblicke, als er sich wen-
det, Sonders, welcher Marien umschlungen hält).* O je, da
schaun S' her!

ZANGLER *(auf die Liebenden deutend).* Aus diesem Grunde
freut's mich doppelt, Herr Weinberl, dass Sie schon eine
Wahl getroffen, denn Ihnen hab ich meine Mündel zuge-
dacht, aber 's Mädl hat sich in den Herrn vergafft, und
grad, wie ich ihn als Entführer arretieren lassen will,

klärt sich's durch den Herrn Kommissarius auf, dass seine Tante bereits gestorben und die große Erbschaft gerichtlich für ihn hier deponiert is. No, da hab ich dann nicht anders können.

SONDERS. Der liebe Herr Zangler! ⎱ zugleich
MARIE. Der gute Vormund! ⎰

WEINBERL. Also hat sich der Fall schon wieder ereignet? Nein, was 's Jahr Onkel und Tanten sterben müssen, bloß damit alles gut ausgeht –!

MELCHIOR. Das is klassisch!

ZANGLER *(Madame Knorr bei der Hand nehmend und auf die beiden Paare zeigend).* Mit einem Wort: es gibt eine dreifache Hochzeit.

WEINBERL. Dreifache Hochzeit, das is der wahre Jux!

(Unter einigen Takten fröhlicher Musik fällt der Vorhang.)

Zu dieser Ausgabe

Der Text folgt der Ausgabe:

> Johann Nestroy: Gesammelte Werke. 6 Bde. Hrsg. von Otto Rommel. Bd. 3. Wien: Schroll, 1949. Photostatischer Nachdr. ebd. 1962. – *Einen Jux will er sich machen:* S. 601–700.

Er entspricht damit der historisch-kritischen Gesamtausgabe (1924–30) bei neuerlicher Revision nach den Handschriften und Erstdrucken.

Die Orthographie wurde nach den gültigen amtlichen Rechtschreibregeln behutsam und unter Wahrung des Lautstands und sprachlich-stilistischer Eigenheiten modernisiert. Apostrophe wurden weitgehend getilgt, außer sie sind für das Leseverständnis unentbehrlich; ansonsten folgt die Zeichensetzung der Druckvorlage. Sperrsatz in der Vorlage wird kursiv wiedergegeben, das gilt auch für Zitate im Nachwort. Die Darstellung der Szenen- und Regieanweisungen wurde vereinheitlicht.

Anmerkungen

6,4 *Weinberl:* Weinbeere, Rosine; sich einweinberln: sich angenehm machen, einschmeicheln.

6,8 *vazierender:* umherziehender.

6,26 *zum Vorteile von:* Die Einnahmen gingen an Nestroy.

7,3 *Prospekt:* bemalter Bühnenhintergrund, hintere Begrenzung der Bühnenkulissen.

10,8 *G'wölb:* Geschäftslokal.

10,14 f. *Quartal-Souper:* vierteljährliches Festessen.

13,16 *an Prinzipal':* einem Prinzipalen; Prinzipal: Unternehmer, Lehrherr.

13,26 *verkribelt:* zerknittert.

14,18 *Zuspeis:* Beilage.

14,23 *Rosoli:* Rosolio, ein Gewürzlikör.

15,27 *Kommis:* Handlungsgehilfe, kaufmännischer Angestellter.

19,4 *antrenzen:* sich mit Essen oder Getränk beschmutzen.

19,17 *ang'setzt:* betrogen, getäuscht.

19,19 f. *'s erste Prämium:* den ersten Preis.

20,15 *Schmiseln:* entweder Hemd (frz. *chemise*) oder Hemdeinsatz (frz. *chemisette*).
  begeln: bügeln.

2,3 *Kaput:* Mantel.

21,4 *Redout':* Maskenball.

21,10 *ferm:* firm, tüchtig.

21,22 f. *Ruh/vur:* im Wienerischen ein reiner Reim (›ua‹).

22,10 *Stadt:* Gemeint ist das Gebiet innerhalb der Stadtmauern, heute der erste Wiener Gemeindebezirk.

22,23 *Stock-im-Eisen-Platz:* grenzt an den Stephansplatz und die Kärtnerstraße im Zentrum Wiens.

22,28 *tandelt:* trödelt herum.

23,3 *Mussi:* Monsieur.

23,25 *Schopfbeutler:* Haarzauser.

23,26 *Kakadu:* Haarschopf.

24,5 *Stanitzeln:* spitze, meist gedrehte Papiertüten; vermutlich von ital. *cartoccio* ›Tüte‹ oder *scarnuzzo* ›Papierrolle für Geld, Papiertüte‹.

24,10 *Gabri:* Kapern.

24,10 f. *Limonie:* Zitrone.

24,11 *Bärnzucker:* Bärenzucker (auch Bärendreck), Extrakt aus der Süßholzwurzel, Lakritze.

24,12 *Kuchelbär:* spöttisch bis abfällig für ›Köchin‹.

24,15 f. *Fischbeiner … Leibel:* Fischbein (die im Oberkiefer eines Bartenwals herabhängenden faserigen Hornplatten) wurde zum Verstärken von Korsetts verwendet.

24,17 *Vierting:* Viertelpfund.

24,20 *Milchner:* männlicher Karpfen.

25,7 *in corpore:* (lat.) persönlich bzw. gemeinsam.

25,27 *Sie haben aufs G'wand gelernt:* Wenn ein Lehrling außer der Verpflegung vom Lehrherrn auch die Kleidung erhielt, musste er wegen der für diesen höheren Ausgaben lange umsonst arbeiten.

26,16 *Watschen:* Ohrfeige; vermutlich von lat. *battere* bzw. mlat. b/*vaccere* ›schlagen‹.

26,17 *Budel:* Ladentisch; »der Budel eine Watschen geben«: Waren veruntreuen.

26,27 *Rammel:* schmutziger Mensch; abgeleitet von ›Rahm‹, dessen Rand sich in einem Gefäß ablagert – hat nichts mit dem männlichen Hasen (Rammler) zu tun.

27,6 *Associé:* (frz.) Gesellschafter, Teilhaber.

28,9 *Chimborasso:* Gemeint ist der Chimborazo, ein Berg in Ecuador (6263 m), der damals als der höchste Berg der Erde galt.

28,19 *roglich:* wacklig, lose.

29,6 *Blassel:* Tier mit einer Bläsche (weißem Fleck) auf der Stirn; Bezeichnung für einen Kettenhund.

29,18 *biglem:* dürftig, rar, knapp, selten.

29,19 *wiffen:* (von frz. *vif*) starken, lebendigen, ungestümen.

29,28 *ang'ramt:* angeräumt, überfüllt.

29,31 *Schwerack:* durchtriebener Mensch, vermutlich von tschech. *čverák* ›Schelm‹.

31,6 *disk'riert:* diskurieren: (lat./frz.) sich unterhalten.

41,19 *Waserl:* Waiserl, Waisenkind.

47,13 *Hardiesse:* (frz.) Dreistigkeit, Kühnheit, Verwegenheit.

51,22 *obstinat:* eigensinnig, widerspenstig.

55,8 *Simandl:* ein Sie-Mandl, also ein Mann (Diminutiv ›Mandl‹, ›Männchen‹), der von einer ›Sie‹, einer Frau, beherrscht wird; Pantoffelheld.

55,13 *traktieren:* Speisen und Getränke anbieten.

57,6 *Savlati:* Cervelatwurst.

57,7 *Flatusen:* Schmeicheleien (in scherzhafter Anlehnung an frz. *dire des choses flatteuses* ›schmeichelhafte Dinge sagen‹).

58,16 *W. W.:* Wiener Währung; im frühen 19. Jh. behelfsmäßig neben dem Gulden eingeführte Währung im Kaisertum Österreich, bis 1857 im Umlauf.

60,7 *Salettel:* Gartenhäuschen, Pavillon, Laube; von ital. *saletta* ›kleiner Saal‹.

60,8 *Salaterie:* scherzhafte Bildung zu frz. *saladier* ›Salatschüssel‹.

63,18 *Burnus:* (arab.) ursprüngl. nordafrikan. Kapuzenmantel, in Österreich allgemein für Mantel oder Jacke.

68,1 *Krida:* betrügerischer Bankrott.

69,19 *Seitel:* auch Seidel; ein Hohlmaß, etwa (bis heute) 0,3 l.

69,29 *Beuschl:* Lunge (auch als Speise, dann meist mit anderen Innereien).

70,7 *Achter:* billigster Wein.

71,14 *Cour gemacht:* den Hof gemacht.

72,7 f. *wällischen Salat:* welschen (italienischen) Salat; Salat aus Kartoffeln, grünem Salat, Sardellen, Hering, Oliven und Eiern.

75,5 *auf der Pass:* auf der Lauer.

80,13 *in meine Provision:* unter meinen Schutz.

81,6 *introduzieren:* (lat.) einführen.

84,7 *Balawatsch:* Durcheinander, Wirrwarr; vermutlich von ital. *balordaggine* ›Blödsinn, Dummheit, Unbesonnenheit‹.

85,23 *Schliffl:* Schlieferl, schmeichlerischer Mensch.

85,24 *sekkant:* aufdringlich, penetrant.

89,6 *Reperement:* Tadel, Verweis; von frz. *réprimande.*

97,4 *rebellst alles auf:* rebellen: Lärm, Getöse erregen; hier: (dadurch) aufjagen.

101,1 *Sprisseln:* Sprossen (einer Leiter).

102,21 *Brisil:* Verlegenheit.

102,22 *dalketen:* einfältigen, unbeholfenen, dummen.

108,1 *Bockshörndl:* Johannesbrot (Ceratonia siliqua).

108,4 *Alzel:* ein wenig, ein kleines Stück.

108,7 *zerlext:* ausgetrocknet, leck geworden (von ausgedörrten Holz-
gefäßen).

108,11 *anpumpern:* laut und heftig klopfen.

109,26 *Ultimo:* beim Tarockspiel der als letzter Stich angesagte Pagat.

110,7 *Umafludert:* herumflattert.

111,6 *G'schwufen:* Liebhaber, Stutzer.

111,7 *Godscheberbuben:* junge Wanderverkäufer aus der Gottschee
(einer deutschen Sprachinsel in Krain, heute Slowenien).

111,12 *brad:* breit, behaglich.

111,20 *Larve:* Maske.

116,4 *entrisch:* unheimlich, gruselig; von ahd. *entrisc* ›fremd‹.

116,24 f. *proponiert:* (lat.) vorgeschlagen.

119,4 f. *solo g'fangt:* gepackt, gefangengenommen; bei Tierkämpfen:
ein Hund, der mit gefährlichen Gegnern fertigwurde.

Literaturhinweise

Ausgaben

Einen Jux will er sich machen. Posse mit Gesang in vier Aufzügen, von Johann Nestroy. Musik von Herrn Kapellmeister Adolph Müller. Wien: Verlag und Druck von J. B. Wallishausser, 1844.

Johann Nestroy: Sämtliche Werke. Histor.-krit. Gesamtausg. Hrsg. von Fritz Brukner und Otto Rommel. Bd. 11. Wien: Schroll 1928. – *Einen Jux will er sich machen:* S. 113–234.

Johann Nestroy: Sämtliche Werke. Histor.-krit. Ausg. Hrsg. von Jürgen Hein und Johann Hüttner. Bd. 18/1: Einen Jux will er sich machen. Hrsg. von W. E. Yates. Wien: Deuticke / Verlag Jugend und Volk, 1991.

Forschungsliteratur (Auswahl)

Doering, Susan: Schnipfer oder Dichter? Zur Frage der Vorlagenbearbeitung bei Johann Nestroy. In: Das österreichische Volkstheater im europäischen Zusammenhang 1830–1880. Bern [u. a.] 1988. S. 33–53.

– Der wienerische Europäer. Johann Nestroy und die Vorlagen seiner Stücke. München 1992.

Hein, Jürgen: »Die Handlung ist dem Französischen nachgebildet«. Johann Nestroy und seine Vorlagen im Spiegel der neuen Historisch-kritischen Ausgabe. In: Austriaca 75 (2012) S. 15–39.

Kraus, Karl: Nestroy und die Nachwelt. Zum 50. Todestage. In: Die Fackel. 13. Mai 1912. Nr. 349/350. S. 1–23.

Lacheny, Marc: Johann Nestroy als Bearbeiter von englischen und französischen Stücken und Romanen: Ein Beispiel für Kulturtransfer zwischen Frankreich, England und Österreich im 19. Jahrhundert. In: Moderne Sprachen 63.1 (2019) S. 69–86.

May, Erich Joachim: Wiener Volkskomödie und Vormärz. Berlin (DDR) 1975.

Neuber, Wolfgang: Zur Dichtungstheorie der österreichischen Re-
stauration. Die »Institutio ad eloquentiam«. In: Die österreichische
Literatur. Ihr Profil an der Wende vom 18. zum 19. Jahrhundert
(1750–1830). Hrsg. von Herbert Zeman. Graz 1979. S. 23–53.
– Nestroys Rhetorik. Wirkungspoetik und Altwiener Volkskomödie im 19. Jahrhundert. Bonn 1987. (Abhandlungen zur Kunst-,
Musik- und Literaturwissenschaft. 373.) – Zu den Gastspielreisen
vgl. S. 148–167 und 182–203.
– Poetica confessionis cognitio. Erkenntnisfunktionale Ansätze zu
einer induktiven Poetik der Altwiener Volkskomödie. In: Das österreichische Volkstheater im europäischen Zusammenhang 1830–
1880. Bern [u. a.] 1988. S. 13–31.
– Stumme Rhetorik. Sprachlose Wirkungsstrategien in Nestroys
Possen *Der Talisman* und *Einen Jux will er sich machen*. In: Johann
Nestroy 1801–1862. Vision du monde et écriture dramatique. Actes
du colloque international organisé avec le concours de l'Institut
Autrichien Paris 31 janvier – 2 février 1991. Sous la direction de Ge-
rald Stieg et de Jean-Marie Valentin. Paris 1991. (Publications de
l'Institut d'Allemand d'Asnière. 12.) S. 101–108.
– Diskursmodell Volkstheater. Zu Funktion und Stellung der Altwiener Volkskomödie in der österreichischen Aufklärung. In: In-
ternationales Archiv für Sozialgeschichte der deutschen Literatur
18 (1993) H. 2. S. 29–52.
– Artikel »Nestroy, Johann Nepomuk«. In: Neue Deutsche Bio-
graphie. Bd. 19. Berlin 1999. S. 81–83.
– Die Comoedianten kommen. Zu Nestroys Gastspielreisen. In: Die
Welt steht auf kein Fall mehr lang. Johann Nestroy zum 200. Geburtstag. Katalog zur 277. Sonderausstellung des Historischen Museums der Stadt Wien. Wien 2001. S. 61–68.
– Satiriker sucht Gleichgesinnten. Karl Kraus' Verhältnis zu Johann
Nestroy, in: Regionaler Kulturraum und intellektuelle Kommuni-
kation vom Humanismus bis ins Zeitalter des Internet. Festschrift
für Klaus Garber. Hrsg. von Axel E. Walter. Amsterdam / New
York 2005. S. 703–720.
Rommel, Otto: Johann Nestroy. Ein Beitrag zur Geschichte der
Wiener Volkskomik. Wien 1930.

Stierstorfer, Klaus: Oxenfords *A Day Well Spent* als Quelle von Nestroys *Jux*. Eine Neubewertung. In: Nestroyana 16 (1996) H. 3/4. S. 100–111.

Walla, Friedrich: Die vervollkommnenden Striche des Meisters oder »Plagiator« in guter Gesellschaft: Johann Nestroy und seine Quellen. In: Die Welt steht auf kein Fall mehr lang. Johann Nestroy zum 200. Geburtstag. Katalog zur 277. Sonderausstellung des Historischen Museums der Stadt Wien. Wien 2001. S. 69–80.

Nachwort

In der Literaturgeschichte kursieren einige Legenden, die sich trotz ihrer evidenten Falschheit offenbar nicht ausrotten lassen. Zu ihnen gehört, dass Martin Luther die Bibel als Erster ins Deutsche übersetzt habe; in Wahrheit war seine Übersetzung die neunzehnte (!) deutsche Vollbibel seit der Erfindung des Buchdrucks mit beweglichen Lettern (kurz nach 1450). Zu ihnen gehört auch, dass Bert Brechts Episches Theater mit seinen Verfremdungseffekten eine geradezu revolutionäre Neuerung auf dem Gebiet des Dramas gebracht habe. In Wahrheit war die anti-illusionistische, fiktionsbrechende Dramaturgie seit den Fastnachtsspielen des späten 15. Jahrhunderts ein kontinuierlicher Bestandteil des Theaters im deutschen Sprachraum. Nicht zuletzt das Wiener Volkstheater hatte seit seinen Anfängen im frühen 18. Jahrhundert bis in die zweite Hälfte des 19. Jahrhunderts hinein genau diese anti-illusionistische Dramaturgie zur Grundlage, und Nestroys Stücke, darunter besonders *Einen Jux will er sich machen*, zählen zu den Höhepunkten des Wiener Volkstheaterbetriebs und damit der deutschen Literaturgeschichte.

In vielerlei Hinsicht fügt sich *Einen Jux will er sich machen* in das dramatische Schaffen von Johann Nepomuk Eduard Ambrosius Nestroy (7. Dezember 1801 – 25. Mai 1862), dem bedeutendsten deutschsprachigen Komödienautor des 19. Jahrhunderts:

- Es beruht, wie die meisten Stücke Nestroys, auf einer fremdsprachigen Vorlage, auf *A Day Well Spent*;
- es wurde in seinen zahlreichen Wiener Aufführungen ebenso bejubelt wie auf Nestroys Gastspielreisen;

– es ist im Schaffen Nestroys das bis dahin ausgeprägteste
  Beispiel der für das Wiener Volkstheater typischen anti-
  illusionistischen Dramaturgie.

Allerdings sticht der *Jux* innerhalb von Nestroys Werken
dadurch heraus, dass diese »Posse mit Gesang« in wir-
kungsgeschichtlicher Hinsicht eine wahrhaft internationa-
le Karriere machte. Der US-amerikanische Autor Thornton
Wilder nahm für seine Komödie *The Merchant of Yonkers*
(1938) den *Jux* als Vorlage; als nunmehr amerikanisiertes
Stück wurde es vom österreichischen Regisseur Max Rein-
hardt während seines Exils auf den Broadway gebracht
(39 Aufführungen vom 28. Dezember 1938 bis Januar 1939).
1954 veröffentlichte Wilder eine dramaturgisch stark über-
arbeitete Fassung unter dem Titel *The Matchmaker*. Die äl-
tere Fassung, *The Merchant of Yonkers*, diente 1964 dem
späterhin weltberühmten New Yorker Musical *Hello, Dol-
ly!* als Vorlage; es wurde 1969 mit Barbra Streisand und
Walter Matthau verfilmt. Der britische Dramatiker Tom
Stoppard schließlich bearbeitete Nestroys Posse ebenfalls;
seine Komödie wurde unter dem Titel *On the Razzle* am
18. September 1981 vom Royal National Theatre in London
uraufgeführt. (*to go on the razzle* bedeutet im umgangs-
sprachlichen britischen Englisch so viel wie ›ausgiebig und
mit viel Alkohol feiern‹ – also auch eine Art von ›a day well
spent‹, wenn man so will, oder von ›einen Tag lang ein verfluchter Kerl‹ sein, wie Weinberl es in I,13 und öfter for-
muliert).

   Bemerkenswert an dieser angelsächsischen Wirkungs-
geschichte ist, dass nicht auf Nestroys englische Vorlage zu-
rückgegriffen wurde, sondern auf seinen deutschen Pos-

sentext, obwohl die Vorlage seit jeher bekannt war. Es handelt sich um John Oxenfords Einakter *A Day Well Spent. A Farce, in one Act* (London: John Miller, 1836), uraufgeführt am 4. April 1835 am Londoner »Theatre Royal, English Opera House«. Die Uraufführung des *Jux* fand sieben Jahre später, am Donnerstag, dem 10. März 1842, als Benefizveranstaltung für Nestroy im Theater an der Wien statt.

Schon die Besprechung dieser Uraufführung im *Oesterreichischen Morgenblatt* (7. Jg., 12. März 1842, S. 122 f.) befasst sich fast ausschließlich mit dem Verhältnis des *Jux* zu seiner dem Rezensenten im Druck bekannten englischen Vorlage: »Wäre es nicht verdienstlich, wenn der Stoff dieses englischen Lustspieles, das wir eben gelesen, von Einem unserer besten Localdichter, z. B. von N e s t r o y, zu einer Posse verwendet würde [...].« – In der Vorstellung des Stücks kommt der Rezensent »immer auf das englische Lustspiel zurück, und fand den Stoff immer besser und besser«. – »Mein Wunsch ist hier bis ins Detail realisiert. Diese Rolle ist nach dem Stoffe des heute gelesenen englischen Lustspiels von Nestroy bearbeitet.« (S. 122) »[...] Hr. N e s - t r o y hätte, unbeschadet der Wirkung, den Fabrikanten des Stoffes: E n g l a n d angeben können, damit auch andere dort kaufen.« (S. 122 f.)

Damit ist klar belegt, dass in Wien der Druck von Oxenfords Farce bekannt war und von Nestroy für seine eigene Posse adaptiert wurde – wie einige andere englische Vorlagen (von John Poole, Dion Boucicault, Charles Dickens) für andere Stücke. Das Wissen scheint indessen im Lauf der Jahre verlorengegangen zu sein, bis es 1923 der Wissenschaft durch den österreichischen Literaturwissenschaftler Robert Franz Arnold im *Literarischen Echo* (25. Jg., 1. August 1923) in Erinnerung gerufen wurde, wenngleich noch gelegentlich das Gegenteil behauptet wurde. Allerdings muss das Folgende berücksichtigt werden: Von den mehr als achtzig Stücken Nestroys wurden zu seinen Lebzeiten nur 17 im Druck veröffentlicht, meist unter Angabe der von ihm bearbeiteten Vorlage. Beim *Jux* ist das unterblieben, auf der Titelseite steht:

Einen Jux will er sich machen. Posse mit Gesang in vier Aufzügen, von Johann Nestroy. Musik von Herrn Kapellmeister Adolph Müller. Wien, 1844. Verlag und Druck von J. B. Wallishausser.

Der *Jux* war jedenfalls ein durchschlagender Erfolg beim Publikum. Zu Nestroys Lebzeiten wurde die Posse in Wien 161-mal gespielt, allein bis zum Oktober 1842 waren es 50 Aufführungen. Doch nicht nur die Zuschauer waren begeistert, auch die Presse verhielt sich überwiegend enthusiastisch. So schrieb etwa die *Allgemeine Theaterzeitung* (35. Jg., 12. März 1842, Nr. 61, S. 276 f.) nach einer ausführlichen Inhaltsangabe: »Das ganze Stück ist eine Kette der belustigendsten, schlagendsten, durch den witzigsten Dialog belebten Begebenheiten, welche je in einer Posse aufgespeichert wurden.« – »Der Beifall, den dieses neueste Werk des immer noch vorwärtsschreitenden Dichters erhalten, war auch ein fast nie erlebter.« (S. 276) – »Hr. Nestroy hat ein höchst brillantes Benefice gemacht, aber noch brillanter war der Applaus und die Anerkennung, die er errungen.« (S. 277)

Es ist wichtig festzuhalten, dass der Betrieb des Wiener Volkstheaters auf privatkapitalistischen Prinzipien beruhte: Die Theater konnten nur überleben, wenn die Stücke erfolgreich waren und das Publikum in Scharen anzogen; Subventionen existierten nicht. Wenig überraschend also, dass die sozialen Spannungen des Vormärz, der sechs Jahre nach der Uraufführung des *Jux* auch in Wien in der Märzrevolution von 1848 mündete, über das Publikum und seine je schichtenspezifischen Interessen in die Theater und ihre Produktionen hineinwirkten. Eine Besprechung der Uraufführung des *Jux* bildet dies ab (*Der Humorist*, 6. Jg., Nr. 51, 12. März, S. 206 f.): »Ein großer Theil des Possen-Publikums will nicht mehr l a c h e n, sondern b r ü l l e n, b r ü l l e n aber kann man nur durch b e s t i a l i s c h e Stimulans hervorbringen. Ein großer Theil des Possen-Publikums fühlt sich nicht eher angenehm angeregt, als bis es einen ›Witz‹ hat, in dem eine Z o t e eingefüllt ist, [...] eine L a s c i v i t ä t von ihnen selbst noch hineingelegt werden kann!!!!! Dahin haben es unsere Possen-Dichter gebracht [...].« – »Und dieser B ö s e, dem sich jener U r - N e s t r o y verschrieben hat, ist derjenige Theil des Publikums, der nur an der g r ö b s t e n M a t e r i a l i t ä t sich erlustrirt [...].« – »Wir sehen heute, was Hr. N e s t r o y auch an E r f i n d u n g für unerschöpflichen Born hat, denn wenn wir etwas tadeln wollten, so wäre es das ›z u v i e l‹. Hr. N. hat des Guten zu v i e l gethan, er hat die Masse von Handlung so aufeinandergethürmt, dass sie im letzten – den [sic!] schwächsten – Akte unter sich selbst zusammenzustürzen Gefahr läuft.« (S. 207)

Die zitierten Passagen verweisen auf zweierlei: erstens die Spaltung des »Possen-Publikums«, dessen »großer Theil« im Theater angeblich nur niedrige Instinkte befriedigen möchte; zweitens die Überfrachtung der Handlung des *Jux*, wobei der letzte, der vierte Akt besonders schlecht wegkommt. Beide Aspekte hängen indessen zusammen, denn Nestroys Posse distanziert sich formal wie inhaltlich von bürgerlichen Wertekonventionen.

Einen Jux will er sich machen ist Nestroys am deutlichsten anti-illusionistisches Stück. Es ist eine bis ins Groteske übersteigerte Verwechslungskomödie, die mit ständigen Fiktionsbrüchen operiert. Der *Jux* erhebt keinen Anspruch auf jene »Wahrscheinlichkeit« mittels Illusionsbühne, die von der protestantischen Ästhetik seit dem mittleren 18. Jahrhundert im Dienst des Bürgertums zur Norm des Theaters erhoben wurde (und auf die Brechts Episches Theater reagiert). Stattdessen entfaltet der *Jux* alle Mittel eines fiktionsbrechenden, anti-illusionistischen Zeigetheaters, das seine eigenen Bedingungen dekonstruiert und so die Erkenntnis stiftet, dass die bürgerlichen Wertekonventionen nur als theatralische Fiktionen funktionieren.

Das Vehikel dazu ist die auf der Antike beruhende gemeineuropäische Rhetoriktradition, wie sie seit der Renaissance bis ins 19. Jahrhundert hinein die Grundlage allen Schreibens – auch und nicht zuletzt des literarischen – gewesen war. In nahezu keinem anderen seiner Werke beweist sich Nestroy so sehr als begnadeter Rhetoriker, wie im *Jux*. Nur zwei Beispiele sollen angeführt werden. Im ersten Akt, Szene 17, unterhalten sich die – noch – hoffnungslos Liebenden Marie und Sonders:

MARIE. Wenn ich dir aber sage, es schickt sich nicht! Du sollst eigentlich schon lang fort sein, ich hab dir nur erlaubt, bis es Abend wird, und hier ist nicht einmal ein Licht.

SONDERS. Haben Liebende je eines andern Lichtes bedurft als des Mondes, der eben freundlich durch die Fenster blickt?

MARIE. Der Mondschein schickt sich nicht.

Der Mondschein auf dem Theater ist eben etwas anderes als der Mondschein in der Wirklichkeit; wird er in einer Szene eingesetzt, die zwei unverheiratete Liebende alleine im Gespräch vorführt, dann suggeriert er ›Romantik‹: Verführung, unschickliches Schwachwerden, Hingabe. Marie, als Bühnenfigur, weiß das, sie bricht die konventionelle Fiktion, indem sie sie zum Thema und damit kenntlich macht. – Und wenn Weinberl am Ende des *Jux* sagt: »Also hat sich der Fall schon wieder ereignet? Nein, was 's Jahr Onkel und Tanten sterben müssen, bloß damit alles gut ausgeht –!«, dann wird der komödienhafte Schluss als solcher entlarvt. Das Wort »Fall« allerdings bietet darüber hinaus einen Ansatz zur historischen Verortung des Stücks: Im Barock, dessen angeblich bis auf Nestroy fortwirkende Tradition behauptet wurde, war es üblich, eine Behauptung durch ein Beispiel, einen Fall, rhetorisch zu beweisen. Weinberls Ausspruch dagegen hebt nicht allein die Lösung des dramatischen Konflikts auf, also die Ermöglichung der Heirat durch Erbschaft (durch den Tod der »Onkel und Tanten«) als theatralische Konvention, sondern weist zugleich den rhetorischen Beweis durch ein Beispiel ironisch (»schon wieder«) zurück. Mit anderen Worten: Die literarisch-theatralische Lösungsvariante wird als solche verneint und als Theaterfiktion kenntlich gemacht; es ist also Absicht, dass der letzte Akt ›unter sich selbst zusammenstürzt‹. Wenn immer wieder ein paar Onkel und Tanten sterben müssen, damit sozial nicht anerkannte Ehen geschlossen werden können – Sonders ist Maries Vormund zu arm –, dann ist die Aussicht auf ihre Verwirklichung im wahren Leben gering.

Seine rhetorische Schulung hatte Nestroy, der Sohn eines Advokaten, auf dem Gymnasium erfahren und während seines – später abgebrochenen – Jusstudiums, das bekanntlich die Einschätzung und Bewertung von ›Fällen‹ zum Gegenstand hat, vertieft. Dies geschah lange, bevor er selbst 1822 ans Theater kam und als Bass in der Rolle des Sarastro in Emanuel Schikaneders und Wolfgang Amadeus Mozarts *Zauberflöte* an der Wiener Hofoper debütierte – und lange, bevor er 1827 selbst begann, Stücke zu verfassen. Seine Ausbildung als Sänger, der ja besonders deutlich artikulieren muss, sowie seine rhetorische Bildung stellen die Basis dar, auf der Nestroys Berühmtheit im gesamten deutschen Sprachraum beruhte. Denn Nestroy ist kein lokaler Mundartdichter, wie Karl Kraus zu Recht festgehalten hat. Ablesbar wird dies daran, dass Nestroys Stücke schon zu seinen Lebzeiten quer durch den deutschen Sprachraum gespielt wurden und dass er selbst zwischen 1834 und 1858 zahlreiche Gastspielreisen unternahm. Die Spielorte dieser Reisen sind Wiener Neustadt, Karlsbad (Karlovy Vary), Pressburg (Bratislava), Graz, Ofen (Buda), Pest, Brünn (Brno), Lemberg (Lwiw), Prag, Hamburg, Linz, Breslau (Wrocław), Berlin, Frankfurt an der Oder, München, Frankfurt am Main, Mainz, Wiesbaden, Triest, Bad Ischl und Ödenburg (Sopron). Ein substantieller Teil der Spielorte liegt also außerhalb des bairisch-österreichischen Mundartgebiets.

Auch den *Jux* präsentierte Nestroy noch im Jahr der Uraufführung auf einer Tournee; die Posse wurde von ihm bis 1849 in insgesamt 17 Aufführungen außerhalb Wiens gezeigt:

Prag 1842 (elfmal)
Brünn 1842 (zweimal)
Prag 1844 (einmal)
Berlin 1844 (einmal)
Brünn 1847 (einmal)
Prag 1849 (einmal).

Der *Jux* ist Nestroys mit Abstand erfolgreichstes Stück auf einer einzelnen Gastspielreise, es wurde 1842 in Prag während eines 21 Abende umfassenden Gastspiels auf Verlangen des Publikums elfmal gegeben. Im Norden (Berlin) kam der *Jux* allerdings nur einmal zur Aufführung. Die *Allgemeine Preußische Zeitung* (1844, Nr. 219, Donnerstag, 8. August, S. 1212) schreibt über Nestroys Gastauftritt im *Jux*: Da das Stück in Berlin bereits aufgeführt worden war, habe sich das Publikum vor allem mit dem Vergleich von Nestroy und dem in Berlin engagierten Komiker Friedrich Beckmann (1803–1866) beschäftigt; der Vergleich schlage zu Gunsten Nestroys aus, dessen wienerisches Idiom jedoch dazu führte, dass der Text der Couplets »von Vielen nicht sogleich richtig aufgefaßt zu sein schien«. Über das Stück wird kein Wort verloren, vermutlich weil es in Berlin bereits bekannt war.

Nach 1849 gab es keine weiteren Aufführungen auf Tourneen, auch in Prag wurde der *Jux* 1849 nur einmal gezeigt. Damit teilt die Posse das Schicksal zahlreicher Stücke

Nestroys aus der Zeit vor der Revolution, die nach 1848 großteils aus seinem Gastspielrepertoire verschwanden: *Der böse Geist Lumpacivagabundus* wurde letztmalig 1849 (Prag) gezeigt, *Glück, Missbrauch und Rückkehr* 1850 (Lemberg), *Der Unbedeutende* 1850 (Lemberg). Auf dem Gastspielrepertoire erhielten sich von den Stücken aus der Zeit vor 1848 bis zuletzt nur *Hinüber – Herüber* und *Der Tritschtratsch* (beide 1858, Triest).

Aus heutiger Sicht erscheint *Einen Jux will er sich machen* als eines der bedeutendsten Werke Nestroys, dessen Wortwitz, Situationskomik, unerwartete Wendungen und politischer Gehalt es in Verbindung mit seiner fiktionsbrechenden Dramaturgie als ein modernes, nahezu zeitgenössisches Stück erscheinen lassen.

Inhalt